Claudia Ludwig

## Tiere suchen ein Zuhause

# Kinder brauchen Tiere

Infos, Tipps und Geschichten
von der Schwangerschaft bis zur Schulzeit

Die Informationen und Rezepte in diesem Buch sind von Autorin und Verlag nach bestem Wissen und Gewissen sorgfältig erwogen und geprüft, stellen aber keinen Ersatz für medizinische Betreuung jeglicher Art dar. Autorin und Verlag übernehmen keinerlei Haftung für etwaige Personen- oder Sachschäden, die sich aus Gebrauch oder Missbrauch der in diesem Buch aufgeführten Anwendungsmöglichkeiten und Rezepte ergeben.

Die Deutsche Bibliothek – CIP-Einheitsaufnahme

Ludwig, Claudia:
Kinder brauchen Tiere : Informationen, Tipps und Geschichten von der Schwangerschaft bis zur Schulzeit / Claudia Ludwig.
– Köln : vgs, 2000 (Tiere suchen ein Zuhause) ISBN 3-8025-1435-1

© vgs verlagsgesellschaft, Köln 2000

Bildquellen:
S. 5: Claudia Ludwig, Schwalbach;
S. 15, 18, 22, 29, 56, 61, 62, 65, 81, 93, 99, 106, 110, 113: Christine Steimer, Wölfersheim; S. 31, 33, 34, 52, 54: Prof. Dr. Heinz Mehlhorn, Heinrich-Heine Universität Düsseldorf, Institut für Zoomorphologie, Zellbiologie und Parasitologie; JUNIORS Bildarchiv, Ruhpolding (S. 21, 27, 116: Schanz; S. 41: Neukampf; S. 36, 71, 75, 85, 86, 101, 105: Wegler; S. 45: Brinkmann; S. 108: Kolmikow; S. 49: Botzenhardt; S. 59, 89: Gehlhar; S. 13, 68: Steimer); S.9, S. 39, S. 96: Gisela Caspersen, Hamburg.


Redaktion: Stefanie Koch
Lektorat: Susanne Breuer und Katja Roth
Produktion: Annette Hillig
Umschlaggestaltung und Layout: Veronika Richter, Köln
Umschlagfoto: Superstock
Satz: Achim Münster, Overath
Druck: Appl, Wemding
Printed in Germany
ISBN 3-8025-1435-1


Besuchen Sie unsere Homepage: http://www.vgs.de

# Inhalt

Für meine Paquita
(*18. August 1995 – 30. Juli 1998*)

Die kinderliebste Katze,
die man sich nur vorstellen kann.
Wir haben ihr viel zu verdanken,
und wir werden sie nie vergessen!

# Einleitung

Neben Allergien, Scheidung und Umzug sind Schwangerschaft, Babys und Kleinkinder die häufigsten Gründe, die zur Trennung von einem Haustier führen. In vielen, vermutlich den meisten Fällen geschieht dies völlig grundlos, ohne konkreten Anlass, ja nicht einmal aus Bequemlichkeit oder etwaiger Arbeitsüberlastung. Oft handelt es sich vielmehr um eine rein prophylaktische Maßnahme: Es könnte ja einmal etwas passieren. Der Hund könnte ja doch einmal schnappen, die Katze könnte Toxoplasmose übertragen. Kaninchen, Meerschweinchen oder Wellensittich könnten gefährliche Parasiten haben.

Viele zukünftige oder frisch gebackene Eltern steigern sich geradezu in eine Hygienehysterie hinein, die sie dazu bringt, selbst über lange Jahre lieb gewonnene Hausgenossen ins Tierheim abzugeben oder woanders zu lassen. Für Hunde oder Katzen, die vielleicht von Welpenbeinen an ihr ganzes Leben mit denselben Bezugspersonen verbringen durften, bedeutet eine solche Abschiebung eine Katastrophe. Gerade Tiere, die es vorher gut hatten, vielleicht sogar verwöhnt wurden, trauern und leiden im Tierheim entsetzlich. Sind sie bereits älter, ist die zweite Chance für ein gutes Zuhause, eine neuerliche Vermittlung, ein ausgesprochener und seltener Glücksfall. Stattdessen resignieren viele Tiere im Tierheim und warten nur noch auf ihren Tod.

Solche Tierschicksale entstehen weniger aufgrund von Herzlosigkeit und Gefühlskälte ihrer früheren Besitzer, sondern vielmehr aufgrund mangelhafter Information. Dieses Buch möchte deshalb junge Eltern und die, die es werden wollen, über mögliche und unmögliche Gefahren durch Haustiere informieren und Tipps sowohl für die Zeit der Schwangerschaft als auch für das Zusammenleben zwischen Säugling, (Klein-)Kindern und

Vierbeinern geben. Darüber hinaus soll es gerade den Tierhaltern praktischen Rat und wichtige Fakten bieten, die sich auch dann dafür entscheiden, Kind und Tier unter einem Dach zu vereinen, wenn die Ausgangssituation nicht optimal ist und mögliche Probleme bereits abzusehen sind. Geben Sie also bitte nicht zu früh auf: So mancher vermeintlich kinderfeindliche Hund kann mit Verständnis, Geduld und einigen Tricks durchaus zur friedlichen Koexistenz oder sogar zur Freundschaft mit Kindern bewegt werden!

Natürlich gibt es unausweichliche Gründe, ein Haustier abzugeben: wirkliche Aggressivität und Bissigkeit sowie Allergien gegen Tiere. Alle anderen potentiellen Probleme lassen sich vermeiden oder lösen. Sie werden überrascht sein, wie viele Möglichkeiten Ihnen zur Verfügung stehen.

In diesem Buch möchte ich besonders auf Hunde und Katzen eingehen, denn sie sind nicht nur mit fast fünf bzw. sechs Millionen Vertretern in deutschen Haushalten rein quantitativ die bedeutendsten Tierarten; sie sind auch ganz besonders betroffen, falls sie einem Baby weichen müssen, weil ihre Beziehung zu „ihren" Menschen so intensiv ist

Da ich meine Ausführungen zum Teil auch mit wissenschaftlichen Erkenntnissen untermauern möchte, lassen sich an mancher Stelle (medizinische) Fachausdrücke kaum vermeiden. Aber für alle medizinischen Laien unter den Lesern werden die wichtigen Fachbegriffe in einem Glossar im Anhang kurz erklärt.

Claudia Ludwig
Eppstein im August 2000

# Gut gemeinte, aber voreilige Ratschläge

Wer ein Kind erwartet oder gerade geboren hat, kann sich der vielen, sicher meist gut gemeinten Ratschläge von Freunden und Verwandten kaum erwehren. Und dazu gehört prinzipiell auch: „Wenn das Baby kommt, müssen Hund und Katze weg!"

Und wer will sich schon vorwerfen lassen, nicht alles für seinen Nachwuchs zu tun? Niemand möchte schon die Schwangerschaftsmonate mit der Unsicherheit belasten, dem Baby eventuell Schaden zuzufügen und nicht alle Risiken, selbst die sehr unwahrscheinlichen, auszuschließen, soweit das möglich ist. In diesem Falle ist es nicht nur möglich, etwaige Probleme von vornherein zu vermeiden, es erscheint sogar ausgesprochen leicht und die Lösung naheliegend: Einfach weg mit dem Tier!

Selbst Gynäkologen und Kinderärzte sind nicht frei von der falschen Vorstellung, dass sich Schwangerschaft und Haustiere bzw. (Klein-)Kinder und Tiere nicht miteinander vereinbaren lassen. Die entsprechenden Tipps vieler Humanmediziner sind mitunter nicht nur leichtfertig und unüberlegt, sondern geradezu verantwortungslos. So empfiehlt beispielsweise eine große Krankenkasse ihren Mitgliedern sogar ausdrücklich und schriftlich, im Falle einer Schwangerschaft jeglichen Kontakt mit Haustieren unbedingt zu meiden! Da müssen junge Eltern schon sehr selbstbewusst und vor allem gut informiert sein, um sich nicht verunsichern zu lassen und einem folgenschweren Vorurteil nicht nachzugeben.
Doch das ist leider schwer. Ich kenne eine ansonsten differenziert denkende Mutter, die während der Schwangerschaft sogar ihrem Mann über Monate hinweg strikt verboten hat, einen Hund auch nur zu berühren. Da wird sozusagen mit Atombomben auf Ameisen geschossen! Eine gute Freundin durfte ich während ihrer gesamten ersten Schwangerschaft nicht mehr mit meinem Hund besuchen. Die werdende Mutter und Diplom-

psychologin hatte geradezu hysterische Angst vor einer Toxoplasmose-Infektion. Es war mir trotz aller wissenschaftlicher Argumente nicht möglich, sie eines Besseren zu belehren und zu beruhigen. Dabei kann, worauf noch genauer eingegangen wird, Toxoplasmose gar nicht durch Hunde übertragen werden!

Ich könnte noch viele solcher Beispiele anführen, deshalb gibt es nun dieses Buch. Denn eine unnötige Trennung vom tierischen Liebling kann auch für dessen Menschen ausgesprochen schädlich sein: Das Allgemeinbefinden und der seelische Zustand der Tierhalter – gerade von sensiblen Schwangeren – können ausgesprochen negativ beeinflusst werden, vom weiteren Schicksal des verlassenen Vierbeiners oder Vogels einmal abgesehen! So kommt zum belastenden Vermissen des Tiers auch noch das schlechte Gewissen hinzu. Wenn die weit reichende Entscheidung über die Abgabe eines Tiers zudem nicht einhellig getroffen wurde, können die darüber ausgetragenen Konflikte die Partnerschaft belasten: Derjenige, der gegen die Abgabe war, könnte dem anderen die Entscheidung und das ungewisse Schicksal des Tiers bewusst oder unbewusst sehr übel nehmen.

**Eine unnötige Trennung vom tierischen Liebling kann auch für dessen Menschen ausgesprochen schädlich sein.**

Außerdem muss man grundsätzlich die Frage stellen, wie sinnvoll es ist, unsere Kinder in einer nahezu sterilen Umgebung – ohne Tiere – aufwachsen zu lassen. Vielleicht sollten die Eltern mit großen hygienischen Bedenken einmal darüber nachdenken, ob man sich in Zeiten von Ozon- und Smogalarm, verseuchten Flüssen, Atomkraftwerken und belasteten Nahrungsmitteln nicht besser an anderer Stelle für die Gesundheit unserer Kinder stark machen sollte.

# Haustiere tun Kindern gut

Der Umgang mit Tieren bereichert den Alltag und macht Freude. Jeder, der mit Tieren lebt, weiß, wie sehr sie beruhigen und trösten können. Inzwischen ist dieser Effekt in zahlreichen Studien weltweit auch wissenschaftlich bestätigt worden.

## Haustiere sind gesund

Demnach haben Haustiere nachweisbar einen positiven, weil entspannenden Einfluss auf ihre Menschen. Versuchsreihen in Philadelphia und San Francisco haben ergeben, dass das Streicheln eines Tiers messbar den Blutdruck des Menschen senkt – und daher nicht nur zum Wohlbefinden des Tiers beiträgt. Tiere sind als Balsam für Körper, Geist und Seele, also eine Art Geheimwaffe gegen Magengeschwüre und Herz-Kreislauf-Beschwerden.

Amerikanische und finnische Untersuchungen attestieren Tierhaltern nach einem Herzinfarkt eine viermal höhere Überlebenschance als vergleichbaren Patienten ohne Tiere. Im ersten Jahr nach dem Infarkt haben Patienten, die einen Hund besitzen, sogar eine siebenmal höhere Genesungs- und Überlebenschance als Patienten ohne Hund – so die Erkenntnisse US-amerikanischer Wissenschaftler. Laut einer 1996 im „Medical Journal of Australia" veröffentlichten australischen Studie sind Menschen mit Haustieren (Hunden, Katzen, Kleintieren und Vögeln) nicht nur ausgeglichener und kontaktfreudiger, sondern auch weniger stressanfällig und deutlich seltener krank als Menschen ohne Tiere.

Prof. Warwick Anderson vom Medizinischen Forschungsinstitut in Melbourne/Australien ging sogar so weit, die beträchtlichen Einsparungen auf dem Gesundheitssektor zu berechnen, die durch den positiven Einfluss von Tieren auf Menschen zustande kommen. Er kam dabei auf eine beeindruckende Schätzung von jährlich umgerechnet weit mehr als einer Milliarde Mark alleine

*Ein Hund hält die ganze Familie in Schwung und fördert nachweislich die Gesundheit.*

für die Regierung des fünften Kontinents und zog daraus den Schluss, dass die australischen Behörden die Haustierhaltung stärker unterstützen sollten. Bello und Mitzi sind also auch optimale Kostendämpfer im Gesundheitswesen!

Dem würde sicherlich auch der britische Wissenschaftler Dr. James Serpell zustimmen, zeigten doch dessen Langzeituntersuchungen an der Universität Cambridge, dass die Halter von Haustieren nur halb so oft an Schlaflosigkeit, Kopfschmerzen und verschiedenen anderen leichteren Erkrankungen leiden. Auch Senioren mit Tieren sind glücklicher, gehen seltener zum Arzt als ihre tierlosen Altersgenossen und haben folgerichtig eine höhere Lebenserwartung. Kein Wunder, dass Experten immer öfter das Haustier, vor allem den Hund, „auf Krankenschein" empfehlen.

Die meisten Haustiere, vor allem Hunde und Katzen, spüren, wenn es ihren Menschen nicht gut geht. Sie lenken von etwaigem Kummer oder Ängsten ab, muntern auf, trösten oder bringen ihre Besitzer zum Lachen. Und da manche Frauen gerade in der Schwangerschaft und unmittelbar nach der Niederkunft unter starken Stimmungsschwankungen leiden und mitunter übersensibel reagieren, kann ein vertrautes Haustier gerade jetzt hilfreich sein. Schließlich sorgt ein Hund, der seinen täglichen Spaziergang erfolgreich einklagt, für regelmäßige Bewegung und den Aufenthalt an der frischen Luft. Schon ein täglicher Spaziergang von einer halben Stunde fördert die Gesundheit nachweisbar. Und das kann einer Schwangeren – es sei denn, es handelt sich um eine Risikoschwangerschaft – erst recht nur gut tun. Warum also sollten ausgerechnet eine Schwangere und ihr Mann auf all diese Vorteile und glücklichen Momente verzichten, die sie durch Tiere erfahren können?

> Die meisten Haustiere, vor allem Hunde und Katzen, spüren, wenn es ihren Menschen nicht gut geht. Sie lenken von etwaigem Kummer oder Ängsten ab, muntern auf, trösten oder bringen ihre Besitzer zum Lachen.

## Kinder und Tiere

Zu den positiven Auswirkungen bei physischen Krankheiten kommen die positiven Einflüsse bei psychischen Störungen oder Defiziten, die oft noch eindeutiger sind. So wird von keiner Seite mehr bestritten, dass Kinder darüber hinaus durch Haustiere reifer und im besten Sinne diszipliniert werden und lernen können, Verantwortung zu übernehmen und Respekt gegenüber Mitgeschöpfen zu entwickeln und zu stabilisieren.

Inzwischen haben wissenschaftliche Untersuchungen sogar ergeben, dass sich Schulkinder, die mit Haustieren aufwachsen, sozialer und rücksichtsvoller verhalten sowie auffallend weniger aggressiv reagieren und weniger gewaltbereit sind. Das gilt einer Analyse zufolge vor allem für Großstadtkinder. Mit einem Haustier gibt es eben schlichtweg ein Familienmitglied mehr, dem ein Kind Liebe schenken kann und von dem es auch Liebe zurückbekommt. Haustiere bereichern das Leben unserer Kinder und machen ihnen Spaß. Genau wie für erwachsene und alte Menschen, so gilt auch für Kinder, dass solche mit Haustieren kontaktfreudiger, selbstbewusster, ausgeglichener und einfach fröhlicher sind als die, die ohne Tiere leben.

Kinder, die schlecht schlafen oder träumen oder einfach nur Angst vor der Dunkelheit haben, fühlen sich meist wohler, wenn der geliebte Hund im gleichen Zimmer schläft, oder sind beruhigt, wenn sie wissen, dass sie ihre Katze bei sich haben dürfen. Neugeborene und Säuglinge dürfen selbstverständlich nicht oder bestenfalls tagsüber unter Aufsicht Seite an Seite mit einer Katze schlafen. Hier ist schon deshalb Vorsicht geboten, weil sich Katzen manchmal so auf die Babys draufzulegen pflegen, dass diese keine Luft mehr bekommen (*vgl. Seite 67*).

Alles in allem fühlen sich Kinder mit Tieren natürlich seltener einsam. Denn Haustiere können sogar den Mangel an Spielgefährten und Geschwistern abmildern. Andererseits sollte dieser Aspekt nicht dazu verleiten, etwaige soziale Defizite eines Kinds ausschließlich auf diese Weise zu kompensieren: Natürlich sollte die Begeisterung über die Bedeutung des Tiers für Kinder nicht so weit gehen, dass die kuscheligen Vierbeiner als dankbarer Ersatz für fehlende menschliche Zuwendung einkalkuliert werden und das schlechte Gewissen von Eltern besänftigen, die sich zu wenig Zeit für ihre Kinder nehmen.

**Inzwischen haben wissenschaftliche Untersuchungen ergeben, dass Schulkinder mit Haustieren sich sozialer und rücksichtsvoller verhalten sowie auffallend weniger aggressiv reagieren und weniger gewaltbereit sind.**

Trotzdem spricht insgesamt sehr viel dafür, Kindern von klein auf ein Zusammenleben mit einem vierbeinigen Freund zu ermöglichen. Warum also sollten Sie Ihrem Kind dieses Glück verweigern?

## Tiere als Therapie

Seit ihrem vierten Lebensjahr litt die zehnjährige Jasmin nun schon unter regelmäßigen epileptischen Anfällen. Die Kinderärzte der Universitätsklinik Bonn waren sich darin einig, den besorgten Eltern folgenden Rat zu geben: „Schaffen Sie Ihrer Tochter entweder ein Geschwisterchen oder einen Hund an." Da

die Mutter aufgrund eines Unfalls während der Schwangerschaft, auf den wohl auch Jasmins spätere Epilepsie zurückzuführen ist, keine Kinder mehr bekommen konnte, blieb nur ein
Hund. Ein munterer kleiner Terrier lenkt seitdem die Familie von
Jasmins Krankheit ab und trug entscheidend dazu bei, dass die
Anfälle immer seltener wurden, bis sie schließlich ganz auf-
hörten. Ein kleines Wunder – die Rechnung der Ärzte ist aufge-
gangen.

Heute ist Jasmin erwachsen und betreibt eine Ponyreitstation
am Edersee. Nicht nur der eigene Hund, auch der tägliche Kontakt mit Pferden hält die ehemalige Epileptikerin fit. Doch
sicher gibt es noch viele andere Mediziner, die in Jasmins Fall
das Gegenteil empfohlen hätten, die gerade bei einem
kränkelnden oder gar kranken Kind von Haustieren abraten.

*Ein gut ausgebildeter Hund kann einem Rollstuhlfahrer
das Leben erheblich erleichtern.*

18

Hier ließe sich eine endlose Reihe von weiteren Beispielen anfügen, unzählige Geschichten, die zeigen, wie Tiere kleinen und großen Menschen gut tun, wie sie sogar erfolgreich als Therapeuten eingesetzt werden. Mit großem Aufwand werden mittlerweile – ähnlich wie Blindenhunde – auch spezielle Therapiehunde ausgebildet, um geistig oder körperlich behinderten Kindern zur Seite zu stehen. So gibt es Hunde, die Rollstuhlfahrern den Fahrstuhlknopf drücken, Türen öffnen oder heruntergefallene Gegenstände aufheben.

Die Frankfurter Filmemacherin Katja Devaux hat in vielen Filmberichten für „Tiere suchen ein Zuhause" im WDR Fernsehen beeindruckende Geschichten erzählt und gezeigt, wie beispielsweise ein extra dafür ausgebildeter Golden Retriever zum zuverlässigen Gefährten eines kleinen Mädchens mit der genetisch bedingten Krankheit Trisomie 21 (Down-Syndrom) wurde. Andere Hunde wurden und werden für autistische Kinder angeschafft. Natürlich gelingt es nicht immer, auf diese Weise ein erfolgreiches Tor in unsere Welt zu öffnen, aber oft, und jeder Einzelfall, jedes kleine Happy End, ist den Aufwand wert.

Mit großem Aufwand werden mittlerweile – ähnlich wie Blindenhunde – auch spezielle Therapiehunde ausgebildet, um geistig oder körperlich behinderten Kindern zur Seite zu stehen.

# Tiere sind anders und verhalten sich auch so

Tiere sind unsere Mitgeschöpfe, Freizeitpartner und Freunde. Aber Tiere sind trotzdem etwas anderes als Menschen, sie haben einen anderen Intellekt, andere Verhaltensweisen und Bedürfnisse sowie z. T. auch andere Interessen. Das muss man wissen. Und das sollten auch Kinder so früh wie möglich lernen.

## Sinnesorgane

Zwar haben Hunde, Katzen und Nagetiere die gleichen Sinnesorgane wie Menschen, schließlich sind wir alle Säuger, aber sie sind bei den Tieren anders entwickelt und werden entsprechend anders eingesetzt. So ist das Sehen für uns Menschen am wich-

*Hunde sind Rudeltiere und fühlen sich deshalb im Kreis der Familie am wohlsten.*

22

tigsten, unser Gehör und unser Geruchssinn sind dagegen im Vergleich zu denen von Hunden, Katzen und anderen Tieren regelrecht verkümmert. Tiere erkennen einander und identifizieren ihr Revier am Geruch. Tiere hören um ein Vielfaches besser als Menschen und nehmen viele Tonfrequenzen wahr, die wir überhaupt nicht hören können. Darum gibt es ja auch spezielle Hundepfeifen, die nur Hunde hören. Katzen hören sogar noch besser als Hunde. Kinder sollten also begreifen, dass Tiere lärmempfindlich sind und deshalb häufig Reißaus nehmen, wenn Kinder laut sind. Dies kann sogar so weit gehen, dass die Vierbeiner nicht nur diese, sondern gar keine Kinder mehr mögen.

> Tiere erkennen einander und identifizieren ihr Revier am Geruch. Tiere hören um ein Vielfaches besser als Menschen und nehmen viele Tonfrequenzen wahr, die wir überhaupt nicht hören können.

## Jagdverhalten und Geselligkeit

Das Leben von Tieren dreht sich vor allem um eins: Nahrungsaufnahme. Diese ist, wie bei allen anderen Lebewesen auch, überlebenswichtig und prägt deshalb die Lebensweise und das Verhalten einer bestimmten Art. Hunde sind physisch und psychisch so angelegt, dass sie nur in der Gruppe erfolgreich jagen und sich ernähren können. Ihre Jagd ist arbeitsteilig organisiert: Einer stöbert auf, die anderen versuchen, ein Beutetier von dessen Herde zu separieren, hetzen es und erlegen es schließlich meist zu mehreren. Hinterher wird, allerdings nach der strengen Hierarchie der Rudelordnung, die Mahlzeit geteilt. In der freien Wildbahn haben Wölfe, Wildhunde, Dingos oder verwilderte Haushunde, die alleine unterwegs sind, kaum eine Überlebenschance. Daher sind alle Caniden (hundeartige Tiere) in ihrem tiefsten Inneren Rudeltiere: gesellig und sozial. Sie wissen um ihre Abhängigkeit. Deshalb fällt es vielen Hunden so schwer, selbst für kurze Zeit einmal allein zu bleiben, vor allem, wenn sie nicht daran gewöhnt wurden. Trotzdem ist es einem Hund natürlich zuzumuten, ab und zu ein paar Stunden allein zu bleiben. Wie lange und wie oft hängt jedoch von Alter, Rasse bzw. Mischung, Temperament und Bewegungsdrang des Tiers sowie vom Verlauf des restlichen Tags ab.

Einen Hund jedoch den Großteil der Zeit von seinen Menschen wegzusperren, isoliert in einem Zwinger oder gar an einer Kette zu halten, ist auf keinen Fall artgerecht und schlimme Tierquälerei. Es gibt eine einfache Regel, nach der sich ein Hund immer dann am wohlsten fühlt, wenn die ganze Familie um ihn herum ist. Normalerweise freut er sich auch über netten Besuch. Ganz anders dagegen die Feliden (katzenartige Tiere): Nur die Löwen leben im Rudel. Alle anderen Großkatzen sind Einzelgänger. Bei unseren Hauskatzen ist das unterschiedlich. Manche leben zufrieden allein, andere, wie zum Beispiel die vielen verwilderten Hauskatzen auf Friedhöfen, in Industriegebieten oder in südlichen Ländern, haben sich in Kolonien zusammengefunden. Trotzdem zeigen diese geselligen Katzen ein anderes Jagdverhalten als Hunde. Sie jagen auf leisen Sohlen, schleichen sich samtpfötig an, lauern ausdauernd und unbeweglich vor einem Mauseloch und töten allein. Dazu brauchen unsere Gartentiger keine Hilfe von Artgenossen und können daher auch sonst gerne auf solche verzichten. Doch halt! Hier beginnt nun das Vorurteil. Zwar ist es richtig, dass Katzen besser allein sein und allein (über)leben können als Hunde. Aber das heißt noch lange nicht, dass sie das auch möchten. Auch die ansonsten so unabhängigen Katzen können gesellig sein und sowohl an ihren „Dosenöffnern" als auch an Artgenossen hängen.

> Einen Hund den Großteil der Zeit von seinen Menschen wegzusperren, isoliert in einem Zwinger oder gar an einer Kette zu halten, ist auf keinen Fall artgerecht und schlimme Tierquälerei.

Ich habe einen Kater, der sich in vielerlei Hinsicht eher wie ein Hund benimmt. Er kommt, wenn man ihn ruft und begleitet uns mitunter beim „Gassigehen" um den Block. Häufig nimmt er sogar leichte Unbequemlichkeiten in Kauf, nur um z. B. während ich diese Zeilen schreibe, auf dem Schoß liegen zu können, und zwar stundenlang. Er kuschelt und balgt sich aber auch gerne mit seinen Artgenossen und würde jedes zwei- und vierbeinige Familienmitglied entsetzlich vermissen, außer den Hunden, fürchte ich.

Fazit: Katzen sind in der Tat komplizierter, differenzierter und geheimnisvoller als Hunde. Sie sind kaum zu erziehen, brauchen ihren Freiraum und sind doch oft verschmust und anhänglich, aber je nach Lust und Laune und Typ ganz unterschiedlich ausgeprägt. Das mehr oder weniger ausgeprägte Stück Fremdartigkeit macht aber natürlich einen Großteil der Faszination, die sie auf uns Menschen ausüben, aus. Ihre Lebensweise impliziert auch eine andere Körpersprache, als wir sie vom Hund kennen. Um die Sprache der Samtpfoten richtig zu verstehen, müssen Kinder schon etwas sensibler und interessierter sein als im Umgang mit Hunden, die ja im Idealfall ein offenes Buch für uns Menschen sind.

Katzen sind komplizierter, differenzierter und geheimnisvoller als Hunde. Sie sind kaum zu erziehen, brauchen ihren Freiraum und sind doch oft verschmust und anhänglich, aber je nach Lust und Laune und Typ ganz unterschiedlich ausgeprägt.

# Bringen Tiere Krankheiten ins Haus?

Wenn sogar medizinische Experten, Gynäkologen oder auch Kinderärzte Eltern empfehlen, ihre Haustiere dem Baby zuliebe abzuschaffen, dann geschieht das oft leichtfertig und ohne Ratschläge zu hinterfragen, die schon seit Generationen weitergegeben wurden und ja zunächst einmal recht logisch klingen: „Besser, Sie geben Ihren Hund jetzt weg. Konzentrieren Sie sich ganz auf Ihr Baby." oder „Denken Sie doch an Ihr Kind. Sie haben jetzt anderes zu tun, als sich um Tiere zu kümmern." Wie schade, denn Tiere bringen nicht prinzipiell Krankheiten ins Haus, aber dafür umso mehr Lebensfreude – gerade auch für ein Kind!

## Von Tier zu Mensch: Zoonosen

Krankheiten, die sich von Tieren auf Menschen übertragen lassen und umgekehrt, fasst die Medizin unter dem Begriff Zoonosen zusammen. Dazu gehören neben der von Schwangeren gefürchteten Toxoplasmose (*vgl. Seite 30*) auch die bekanntere Tollwut und weniger bekannte Infektionen wie Milzbrand, Balkan-Grippe oder Krim-Fieber (Q-Fieber), die so genannte Papageienkrankheit (Ornithose), Psittakose, Brucellosen (z. B. Malta-Fieber), Leptospirosen, Salmonellosen (Enteritis) oder Yersiniosen (Pest).
Wenn Sie jetzt überlegen, wann Sie das letzte Mal an einer dieser Zoonosen erkrankt sind oder ob Sie jemanden kennen, der eine dieser Krankheiten bereits hatte, ist Ihnen wahrscheinlich nichts bekannt. Tatsächlich ist die Übertragung von Zoonosen auf den Menschen sehr selten, was auch durch Experten

*Hund und Baby müssen sich nicht ausschließen.*

bestätigt wird, die sich schon jahrzehntelang mit der Thematik beschäftigen. So sind beispielsweise der Berliner Veterinär und Parasitologe, Prof. Dr. Klaus Janitschke vom Robert-Koch-Institut, und der Frankfurter Gynäkologe und Facharzt für Geburtshilfe, Prof. Dr. Helmut Glätzner, der Meinung, dass es – zumindest in unseren Breiten – außer der Toxoplasmose keine anderen Zoonosen gibt, die als potentielle Gefahr für Kinder und Erwachsene, insbesondere auch das ungeborene Leben, eine signifikante Rolle spielen.

## Die Toxoplasmose

Die Toxoplasmose ist eine bei Menschen und warmblütigen Tieren weit verbreitete Infektion, die nicht durch Viren oder Bakterien, sondern durch einzellige Parasiten namens *Toxoplasma gondii* hervorgerufen wird. Wie bei den Malariaerregern, so handelt es sich auch bei den Toxoplasmen um so genannte Sporentierchen, die sich über einen komplizierten Entwicklungszyklus geschlechtlich und ungeschlechtlich vermehren. Als so genannte Zwischenwirte kommen alle Vögel und Säugetiere in Frage, also Hunde, Kaninchen, Pferde und auch der Mensch. Aber nur die Katze überträgt als so genannter spezifischer Endwirt die infektiösen Stadien der Erreger, die sie mit ihrem Kot ausscheidet. So können die Toxoplasmen auch in die Erde, auf Wiesen, in Weidetiere und in den Garten – und damit auch zum Menschen gelangen. Im Unterschied zur Malaria verläuft die Toxoplasmose in der Regel harmlos und ohne auffallende Symptome: grippeähnliche Beschwerden, Müdigkeit, Kopfschmerzen, leicht geschwollene Lymphknoten, leichtes Fieber, Unwohlsein, Durchfall, Gelenkschmerzen etc. Die meisten Betroffenen bemerken deshalb die Infektion nicht einmal, weil sie überhaupt keine Beschwerden zur Kenntnis nehmen. Medizinisch unterscheidet man sogar zwischen der bloßen Toxoplasma-Infektion und der Toxoplasmose als Krankheitsbild.

*Die Toxoplasmose ist eine bei Menschen und warmblütigen Tieren weit verbreitete Infektion, die nicht durch Viren oder Bakterien, sondern durch einzellige Parasiten namens Toxoplasma gondii hervorgerufen wird.*

Für den Menschen, auch Kinder, spielt daher die Infektion mit *Toxoplasma gondii* nach der Geburt (postnatal) keine Rolle. Wohl aber die pränatale, also die Infektion während der Schwangerschaft: Denn dem ungeborenen Leben kann eine Toxoplasma-Infektion sehr gefährlich werden und zu Missbildungen (Wasserkopf, Augenentzündung, Gehirnstörungen), Behinderungen (Sprach- und Sehstörungen, geistige Behinderung) sowie Totgeburt führen – doch nur dann, wenn sich die schwangere Frau zum ersten Mal während der Schwangerschaft

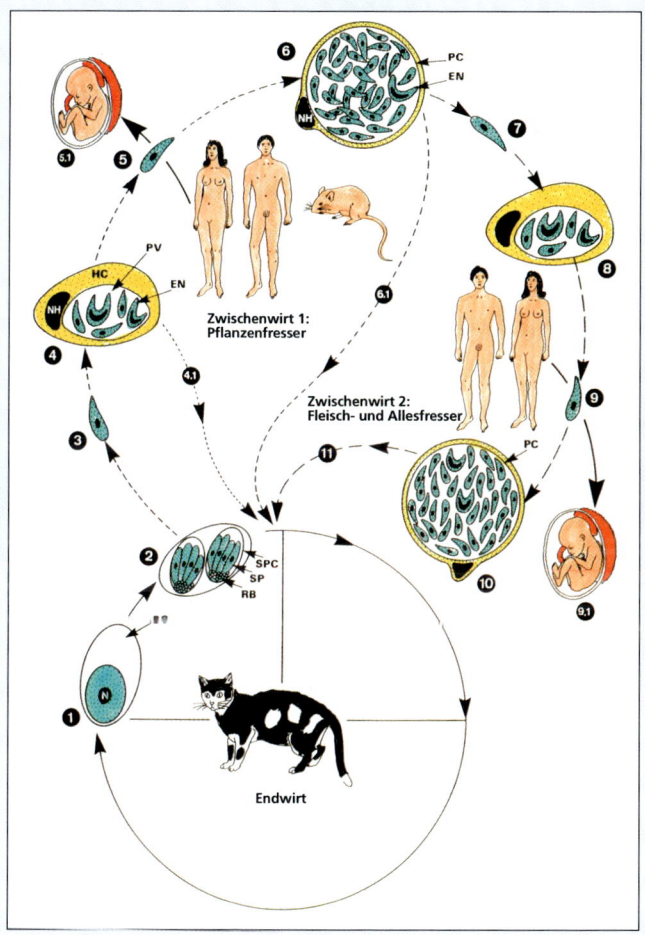

*Der Entwicklungszyklus von Toxoplasma gondii.*

mit den Erregern infiziert (Erstinfektion). Dann nämlich können die Toxoplasmen über die Nabelschnur und die Plazenta in den kindlichen Organismus gelangen – und zwar von Anfang an und nicht erst, wie man häufig liest, ab der 16. Woche. Man hat beobachtet, dass mit Fortschreiten der Schwangerschaft das Infektionsrisiko für das Kind größer wird. Wissenschaftlichen Schätzungen zufolge kommt es im ersten Drittel (erstes Trimenon) der Schwangerschaft in 4 bis 15 Prozent aller Fälle zu einer Ansteckung des Babys im Mutterleib, während es im letzten Drittel sogar bei 60 Prozent der Erstinfektionen von Schwangeren zur Übertragung auf das Baby kommt. Eine Infektion während des ersten Trimenons der Schwangerschaft kann zwar nur selten auf den Embryo oder Fötus übergehen, doch sind dann dessen Schädigungen wahrscheinlich ungleich schwerer, als bei einer späteren Ansteckung, mitunter kommt es schnell zu einer Fehlgeburt. Die werdende Mutter selbst wird die Krankheit dagegen – wie alle anderen Menschen – kaum registrieren und allenfalls nur leichte Beschwerden haben.

> Für den Menschen, auch Kinder, spielt die Infektion mit *Toxoplasma gondii* nach der Geburt (postnatal) keine Rolle.

Fazit: Die klinische Erfahrung spricht dafür, dass eine Toxoplasmose nur dann für die Schwangerschaft bedeutsam ist, wenn die Infektion auch während der Schwangerschaft auftritt.

## Katzen und Toxoplasmose

Bei den Toxoplasmose-Erregern wechseln sich geschlechtliche und ungeschlechtliche Fortpflanzung ab. Alle Vögel und Säugetiere – auch Menschen – können als Zwischenwirt dienen, in dem die ungeschlechtliche Vermehrung stattfindet. Die Parasiten dringen über den Mund oder evtl. über Wunden in den Körper des Wirts ein. Das Ausmaß der Parasitenvermehrung hängt von der Schlagkraft des Immunsystems im Wirtskörper ab, das die Eindringlinge natürlich bekämpft. Die Parasiten bilden dann reaktionslose Dauerstadien, so genannte Zysten, die sich im Körpergewebe, vorzugsweise in Muskulatur, Gehirn, Leber und Milz ansiedeln. Das Leben der Zwischenwirte ist aber

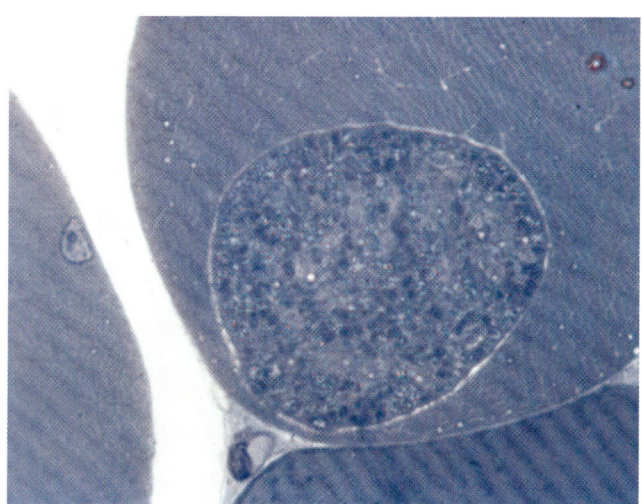

*Toxoplasma-Zyste im Muskel.*

durch die Parasiten nicht gefährdet. Sie werden außerdem erst zu Überträgern der Krankheit, wenn man ihr rohes Fleisch (z. B. das von Schaf, Rind, Schwein etc.) genießt.

Katzen nehmen die Toxoplasmen durch rohes Fleisch, etwa infizierte Mäuse, oder den Kot von Artgenossen auf. Mit dem eigenen Kot scheiden nur frisch infizierte Katzen für ein bis zwei Wochen die gefährlichen Oozysten aus. Frühestens drei Tagen nach der Ausscheidung und unter günstigen Voraussetzungen (Wärme und Feuchtigkeit) reifen die Oozysten, bilden Sporen und werden damit infektiös, d. h. übertragbar. Außerhalb der Katze, an Kot und After, im Gras, im Garten etc. können sie wahrscheinlich mindestens zwei Jahre lang ansteckend bleiben.

Gefährlich sind vor allem die so genannten Oozysten, die nur durch die geschlechtliche Fortpflanzung im Darm des Endwirts der Parasiten, also der Katze und ihrer Verwandten (Wildkatze, Luchs, Großkatze etc.), entstehen.

Das ist zwar ein ernst zu nehmendes Infektionsrisiko während einer Schwangerschaft, aber nur dann, wenn die Mutter sich

33

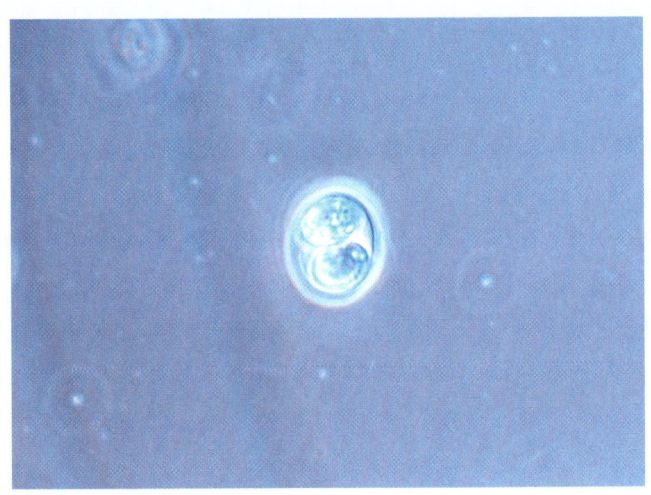

*Infektiöse Toxoplasma-Oozyste aus Katzenkot.*

zum ersten Mal mit *Toxoplasma gondii* ansteckt, also ihr Immunsystem noch keine Antikörper gegen die Erreger gebildet hat. Ist es für die Mutter die zweite Ansteckung, fängt das Immunsystem die Parasiten sofort ab. So kommt es nicht zur Ausbreitung der Keime (Toxoplasmodien) im Blut, womit eine Infektion des Babys in der Gebärmutter nicht stattfinden kann. Nicht nur mehr als die Hälfte aller Menschen, nämlich 80 Prozent, sondern auch schätzungsweise mindestens 50 bis 60 Prozent aller Hauskatzen in Deutschland hatten bereits Toxoplasmose, einige Untersuchungen gehen sogar von bis zu 80 Prozent aller Katzen aus. Die sehr unterschiedlichen Schätzungen erlauben den Schluss, dass mehr als die Hälfte, ja vielleicht sogar mehr als drei Viertel aller unserer Samtpfoten immun und damit keine Überträger der Krankheit sind. All diese Katzen tragen zwar den Erreger in sich, werden in der Regel aber keine infektiösen Toxoplasmose-Erreger mehr ausscheiden. „Infiziert" bedeutet bei der Katze also nicht automatisch „infektiös", „angesteckt" eben nicht immer „ansteckend". Je älter ein Tier ist, desto größer ist natürlich die Wahrscheinlichkeit, dass es bereits Toxoplasmose hatte und inzwischen dagegen immun ist, also eigentlich keine Gefahr mehr darstellt. Allerdings kann man das Infektionsrisiko nicht völlig ausschließen, denn in seltenen Fällen können die Toxoplasma-Zysten im Gehirn oder der Muskulatur zeitlebens vital bleiben. Da sie sich dort aber normalerweise in einem Ruhezustand befinden, stellen sie in der Regel keine Gefahr dar. Durch Stresssituationen oder eine Infektion der Katze mit anderen Erregern können sie jedoch wieder aktiviert werden. Dann gelangen einige Toxoplasmen in die Darmwand zurück und bilden neue Oozysten (Reshedding genannt), die mit dem Kot ausgeschieden werden. Wie oft dieses Reshedding unter natürlichen Bedingungen vorkommt, weiß man leider nicht. Nach Untersuchungen des Instituts für Parasitologie der Freien Universität Berlin befinden sich nur die wenigsten Samtpfoten, bloß etwa ein bis zwei Prozent aller Hauskatzen, gerade in der ansteckenden Phase und scheiden infektiöse Erreger aus.

Nach Untersuchungen des Instituts für Parasitologie der Freien Universität Berlin befinden sich nur die wenigsten Samtpfoten, bloß etwa ein bis zwei Prozent aller Hauskatzen, gerade in der ansteckenden Phase und scheiden infektiöse Erreger aus.

Diese Zahlen dürften generell gelten, denn auch von den nach dem Zufallsprinzip auf der ganzen Welt eingesammelten Katzenkotproben enthielten nur ein bis zwei Prozent die infektiösen Oozysten.
Bleibt allerdings das Problem der Millionen langlebiger Oozysten oder Sporen in der Außenwelt, also z. B. in der Gartenerde, die allerdings nicht auf eine bestimmt Katze zurückzuführen sind. Man kann sich nur durch Katzenkot anstecken, wenn man direkt damit in Berührung kommt und den Erreger danach oral oder evtl. durch eine kleine Wunde aufnimmt. Die Toxoplasmen werden nicht über Tröpfcheninfektion, also Speichel oder andere Körperflüssigkeiten, übertragen, sondern es muss zur so genannten Finger-Mund-Übertragung (Kontaktinfektion) kommen. Dies lässt sich leicht dadurch vermeiden, dass man einfach keinen Katzenkot anfasst und vor allem keine eventuell beschmutzen Finger an oder in den Mund führt. Der direkte Kontakt mit Katzen, Schmusen und Streicheln sind ohne Bedeutung, denn das Fell ist praktisch keine Infektionsquelle.

Es sei denn, am After befänden sich kontaminierte Kotreste, was aber bei reinlichen Katzen selten vorkommt.

Erst nach drei bis vier Tagen unter optimalen Bedingungen (Feuchtigkeit und Wärme) können die Oozysten reifen, Sporen bilden und damit den Katzenkot infektiös werden lassen.

*Der direkte Kontakt mit Katzen, Schmusen und Streicheln sind ohne Bedeutung, denn das Fell ist praktisch keine Infektionsquelle.*

Wer also die Katzentoilette – wie grundsätzlich erforderlich – täglich und mit Gummihandschuhen säubert, wird kaum auf kontaminierten Kot treffen. Wer ganz sicher gehen will, sollte den Kotkasten darüber hinaus noch alle ein bis zwei Tage mit heißem Wasser reinigen. Danach das gründliche Händewaschen aber nicht vergessen!

Da außerdem Freigänger-Katzen nur selten ein Katzenklo benutzen, sondern sich meist draußen entleeren, wird sich das Problem bei ihnen kaum stellen. Hier bleibt nur das Risiko der

*Achten Sie bei der Reinigung der Katzentoilette auf die nötige Hygiene.*

kontaminierten Gartenerde. Der sicherste Weg ist natürlich, wenn sich jemand anders als die Schwangere um die Katzentoilette und die Gartenarbeit kümmern könnte.

Reine „Stubentiger", also Wohnungskatzen, die nicht ins Freie kommen und auch früher nie Gelegenheit dazu hatten, sich beim Auslauf mit Oozysten, etwa über Mäuse, zu infizieren, sind frei von Toxoplasmen – solange sie immer nur mit Trocken- oder Dosenfutter, Fisch und gegartem Fleisch gefüttert wurden. Während der Schwangerschaft ist es also sinnvoll, die eigene Katze nicht mit rohem oder halbgarem Fleisch zu füttern, damit sich die Tiere gar nicht erst infizieren können.

## Zur Immunität

Wie Röteln, Windpocken oder Masern, so bekommt man auch Toxoplasmose nur einmal im Leben, denn nach der ersten Ansteckung bildet das Immunsystem Antikörper gegen die Eindringlinge und tötet sie bei einer zweiten Begegnung sofort ab. Mindestens die Hälfte aller Erwachsenen in Europa waren bereits mit Toxoplasmose infiziert und sind damit immun gegen die Erreger. So berichtet der Veterinär und Parasitologe Prof. Dr. Klaus Janitschke (Enquete-Kommission) von Untersuchungen in Berlin, bei denen sich herausstellte, dass 54 Prozent aller Schwangeren bereits infiziert und damit immun waren. Erstaunlicherweise waren es bei

Schätzungen zufolge sind es über 60 Prozent, ja sogar bis zu 90 Prozent der erwachsenen Bevölkerung, die sich nicht mehr infizieren können.

einer entsprechenden Untersuchung in Baden-Württemberg nur 35 Prozent aller Schwangeren, bei denen bereits Toxoplasmose-Antikörper festgestellt werden konnten.
Anderen Schätzungen zufolge sind es über 60 Prozent, ja sogar bis zu 90 Prozent der erwachsenen Bevölkerung, die sich nicht mehr infizieren können. So berichtet beispielsweise der Gynäkologe Prof. Dr. Helmut Glätzner von entsprechenden Toxoplasma-Antikörper-Suchtests im Rahmen der Schwangerschaftsberatung an der Göttinger Universitätsklinik, bei denen sogar 80 bis 85 Prozent der Patientinnen bereits infiziert

gewesen waren. Europaweit sind die Menschen zu 50 bis 80 Prozent mit Toxoplasmen infiziert, wobei es auch hier regionale Unterschiede gibt: Die Durchseuchung im Süden (z. B. Italien) ist stärker als im Norden (z. B. Schweden). Fazit: Offenbar schwankt die Immunität gegen Toxoplasmose regional, doch ist davon auszugehen, dass mindestens 50 Prozent aller Menschen in unseren Breiten gegen *Toxoplasma gondii* immun sind.

Für die meisten werdenden Mütter – und ihre Babys – stellt die Infektion also von vornherein keine Gefahr mehr dar. Um sicherzugehen, bleibt nur eine Blutuntersuchung der Schwangeren oder Frau mit Kinderwunsch, denn die schwachen grippeähnlichen Symptome lassen sich kaum exakt einer Toxoplasmose-Infektion zuordnen. Es gibt derzeit mehrere geeignete Toxoplasmose-Antikörper-Suchtests mit ausreichender Genauigkeit, durch die die Gynäkologen gleich zu Beginn der Schwangerschaft eine Immunität feststellen können. Ein positives Testergebnis bedeutet, dass die Schwangere – und damit auch das Kind – gegen Toxoplasmose geschützt ist.

Ist das Testergebnis negativ, liegen keine Toxoplasmose-Antikörper im Blut der Mutter vor. Dann sollten Sie einige Vorsichtsmaßnahmen ergreifen, um eine gefährliche Erstinfektion während der Schwangerschaft zu vermeiden:

### Schutz vor Toxoplasmose

◆ bei Obst und Gemüse verstärkt auf Sauberkeit achten;
◆ Fleisch gut garen und bei der Zubereitung Gummihandschuhe tragen;
◆ Kontakt mit Katzenklo vermeiden;
◆ Vorsicht bei der Gartenarbeit; auf keinen Fall die Hände in Mundnähe bringen, sondern gründlich waschen;
◆ bei der Reinigung des Katzenklos oder bei der Gartenarbeit stets Gummihandschuhe tragen;
◆ regelmäßige Kontrolluntersuchungen während der Schwangerschaft auf eine mögliche Erstinfektion mit *Toxoplasma gondii*.

Regelmäßige Kontrolluntersuchungen während der Schwangerschaft sind wichtig, um sicherzugehen, dass sich die werdende
Mutter nicht gerade während dieser Zeit doch noch irgendwo
angesteckt hat. Ist das der Fall, kann sogar jetzt noch eine
medikamentöse Behandlung mit Antibiotika und Sulfonamiden
einsetzen, die eine Schädigung des Ungeborenen verhindert.
Voraussetzung für den Erfolg dieser Therapie ist allein das
frühzeitige Erkennen und die sofortige Behandlung der Erstinfektion.

Im ersten Drittel (Trimenon) einer Schwangerschaft sollte allerdings noch kein Sulfonamid eingesetzt werden, sondern ein so genanntes Makrolid-Antibiotikum namens Spiramycin, um den Fötus zu schonen. Für die spätere Schwangerschaft verfügt der Gynäkologe über eine Reihe von Antibiotika und Sulfonamiden, die auch einer Schwangeren verordnet werden können. Ab der 16. Schwangerschaftswoche ist das Sulfonamid Sulfadiazin empfehlenswert, das vor allem in Kombination mit dem Antiprotozoikum und Malariamittel Pyrimethamin und Folsäure am wirksamsten zur Toxoplasmen-Bekämpfung eingesetzt wird (Empfehlungen des Bundesgesundheitsamtes).

Trotz dieser Möglichkeiten kommen in Deutschland jährlich rund 1500 Toxoplasmose-geschädigte Neugeborene mit mehr oder weniger starken Behinderungen auf die Welt. Diese erstaunlich hohe Zahl ließe sich sicher reduzieren, wenn grundsätzlich bei allen werdenden Müttern ein standardisierter Bluttest auf Toxoplasmose zu den obligatorischen Regeluntersuchungen innerhalb der Schwangerschaftsvorsorge gehören würde – wie es in Frankreich und Österreich bereits der Fall ist.

Bislang muss die Schwangere meist selbst dafür sorgen, ihr Toxoplasmose-Risiko überprüfen zu lassen, und ihren Gynäkologen darauf ansprechen.

Die Krankenkassen sollten gemäß der aktuellen Mutterschaftsrichtlinien die Kosten für Bluttest und möglicherweise die Behandlung übernehmen, falls ein begründeter Verdacht für eine Infektion vorliegt. Und der ist bereits gegeben, wenn die werdende Mutter über Kopfschmerzen, geschwollene Lymphknoten oder Fieber klagt.

## Ansteckungswege

**Fleisch:** Gerade rohes oder ungenügend gegartes Fleisch gilt inzwischen sogar als Hauptursache für eine Infektion für den Menschen. Die Infektion über Katzenkot kommt wahrscheinlich wesentlich seltener vor. Deshalb sollte eine werdende Mutter auch bei der Zubereitung von rohem Fleisch Gummihandschuhe tragen oder sich hinterher gründlich die Hände waschen, um jedes Risiko auszuschließen. Und natürlich darf sie kein rohes

oder halbgares Fleisch essen – also Finger weg vom verführerischen Tatarbrötchen!
Vorsicht ist übrigens vor allem bei Hammel- und Schaffleisch geboten, denn die Schafe können die Oozysten aus dem Katzenkot beim Grasen aufnehmen. Auch in rohem Schweinefleisch kommen die Toxoplasmen deutlich häufiger vor als in Rindfleisch.

*Gerade im Sand ist die Gefahr groß, auf verscharrten Katzenkot zu treffen.*

**Draußen:** Als weitere Infektionsquelle mit *Toxoplasma gondii* stehen auch ungewaschenes Gemüse und Obst in Verdacht. Zwar ist bisher noch keine Ansteckung auf diesem Weg mit Sicherheit nachgewiesen, sie lässt sich aber auch nicht ausschließen, da die Erreger über den Katzenkot auch in Obst- und Gemüsegärten und auf Äcker kommen könnten. Die Oozysten können im Freien monate-, ja sogar jahrelang infektiös bleiben und in dieser Zeit vom Regen aus dem Kot ausgeschwemmt oder von Würmern oder Insekten verschleppt werden. Deshalb muss man mit ihnen auch im Garten oder in Regenpfützen rechnen. Beim gemeinsamen Spiel mit Kindern im Sandkasten oder auf Spielplätzen ist es nicht ausgeschlossen, dass Kinder wie Schwangere auf infizierten Katzenkot treffen. Hände weg vom Mund und gründliches Händewaschen danach sind ein Muss! Falls Kinder sich auf diese oder andere Weise mit Toxoplasmose infizieren, verläuft die Krankheit in der Regel genauso harmlos und unbemerkt wie bei Erwachsenen. Und gerade, wenn sich Mädchen anstecken, hat das sogar den Vorteil, dass sie später bei einer Schwangerschaft keine Erstinfektion und Gefährdung ihres Babys mehr befürchten müssen.

Beim gemeinsamen Spiel mit Kindern im Sandkasten oder auf Spielplätzen ist es nicht ausgeschlossen, dass Kinder wie Schwangere auf infizierten Katzenkot treffen.

Mitunter heißt es, dass *Toxoplasma gondii* – theoretisch – auch an Staubpartikeln haften und in der Luft herumgewirbelt werden könnten. Die Fachwelt geht jedoch davon aus, dass dieser Aspekt – falls überhaupt möglich – keine Rolle für die Übertragung spielt. Toxoplasmose-Experte Dr. Klaus Janitschke hält eine Infektion auf diese Weise schon deshalb für unmöglich, weil die Oozysten bestimmte Lebensbedingungen wie ein feuchtwarmes Milieu brauchen und in der Luft schnell austrocknen würden.

**Fazit:** Um sich an Toxoplasmose zu infizieren, müssen schon eine Reihe von unwahrscheinlichen Faktoren auf unglückliche Weise zusammenfallen. Und bereits vor über 20 Jahren kam das „Deutsche Ärzteblatt" (Heft Nr. 2, Jan. 1978) in einem Artikel „Zum Thema der Gefahr der Toxoplasmose für den Menschen" zu dem Schluss: „Ein enger Kontakt mit Katzen spielt dagegen bei unseren Hygienebedingungen als Infektionsquelle keine Rolle. So war beispielsweise in unserem Material die Durchseuchung bei Frauen, die in ihrem Haushalt Katzen hielten, nicht höher als bei den Kontrollen ohne Tierhaltung." Seit mehr als zwei Jahrzehnten weiß man dies also schon, und immer noch kursieren die bereits erwähnten überholten

Warnungen, die die Meidung oder gar Abschaffung von Hauskatzen empfehlen!

Es ist also offenbar gar nicht so leicht,
sich mit Toxoplasmose zu infizieren,
zumindest nicht durch Samtpfoten. Beispielsweise wurde meine Tierärztin, die
aufgrund ihres langjährigen täglichen
Kontakts mit Katzen eigentlich schon
längst mit Toxoplasmose hätte infiziert
sein müssen, bei ihren drei Schwanger-
schaften natürlich immer auf Antikörper untersucht. Jedesmal
hoffte sie, inzwischen endlich immun geworden zu sein, doch
dreimal war das serologische Ergebnis negativ. Und auch ich
habe nicht nur täglich engen Umgang mit meinen eigenen,
sehr verschmusten Katzen, sondern durch meine Fernseh-
sendungen und -filme auch ständigen und intensiven Kontakt
mit zahlreichen samtpfötigen Tierheimschützlingen. Trotzdem
gehöre ich, ebenso wie meine Tierärztin, nach wie vor zur
Minderheit der Toxoplasmose-negativen Menschen. Überdies ist
wissenschaftlich erwiesen, dass Hunde, Kleintiere, Pferde und
Menschen keine Überträger der Toxoplasmose sind – auch
wenn das häufig immer noch – auch von „Experten" behauptet
wird.

**Hunde unter falschem Verdacht**

Wir haben bisher nur über Katzen und Toxoplasmose-Gefahr
gesprochen. Denn entgegen der allgemeinen Meinung älterer
Lehrbücher und leider oft auch noch mancher Ärzte konnte
inzwischen eindeutig nachgewiesen werden, dass Toxoplasmose
einzig und alleine durch Katzen(kot) übertragbar ist. Bei
Hunden oder Kleintieren wie Meerschweinchen, Kaninchen etc.
besteht tatsächlich keinerlei Gefahr.

Hunde können, genau wie alle warmblütigen Tiere und Menschen auch, lediglich als Zwischen- oder Transportwirte die
harmlosen Jugend- und reaktionslosen Dauerstadien von *Toxoplasma gondii* in Form von Zysten beherbergen. Im Gegensatz
zu den geschlechtsreifen Oozysten aus dem Kot des Endwirts

Es ist also offenbar gar nicht so
leicht, sich mit Toxoplasmose zu
infizieren, zumindest nicht durch
Samtpfoten.

Katze sind die Zysten, die Hunde oder andere Haustiere ausscheiden, nicht infektiös.

Daher ist die erstaunliche Hartnäckigkeit, mit der so genannte Experten allen wissenschaftlichen Erkenntnissen zum Trotz immer noch werdende Mütter vor dem Kontakt mit Hunden warnen, unverständlich und eigentlich auch unverzeihlich.

> Im Gegensatz zu den geschlechtsreifen Oozysten aus dem Kot des Endwirts Katze sind die Zysten, die Hunde oder andere Haustiere ausscheiden, nicht infektiös.

Sogar Krankenkassen verbreiten noch die falsche Verknüpfung von Hund und Toxoplasmosegefahr, so beispielsweise die Deutsche Angestellten-Krankenkasse in einer Informationsbroschüre „Schwangerschaft" (1998): „Sobald Sie wissen, dass Sie ein Kind erwarten, gehen Sie auf Abstand zu Hund und Katze und allen sonstigen Haustieren: Toxoplasmose droht." Und an anderer Stelle heißt es unter „Ihre Vorbereitung": „Kontakt mit Haustieren meiden." Erklärungen über die Gründe fehlen diesen dramatischen Hinweisen ganz.

Wie kommt es aber, dass Hunde und andere Tiere immer wieder unter falschen Verdacht geraten, Menschen mit Toxoplasmose anstecken zu können? Da sind zum einen die bereits erwähnten veralteten Lehrbücher, an denen sich einige ewig Gestrige immer noch orientieren – das ist ja auch sehr bequem. Zum anderen verwechseln wohl einige „Experten" immer wieder Zwischen- und Endwirt des Entwicklungszyklus von *Toxoplasma gondii* und unterliegen dem Fehlschluss, dass ein infiziertes Tier auch gleichzeitig ein infektiöses Tier ist und die Erreger auf andere übertragen kann. Aber wenn dies so wäre, dann dürften Schwangere auch keine Menschen mehr anfassen, denn die können ja auch mitunter gerade infiziert sein.

## Tiere und Hygiene

### Ihhh, Hundebazillen!

Genaugenommen sind Bazillen nur eine Untergruppe aus der Großgruppe Bakterien, zu denen zahlreiche einzellige Lebewesen gehören, die uns im biologischen Stoffkreislauf nützen, aber als Erreger von Krankheiten auch schaden können. Bakterien sind überall, im Boden, in der Luft, im Wasser, auf Pflanzen und Tieren und gehören zu unserem Leben dazu, ja, leben auf und in unserem Körper. Hier gilt es zu unterscheiden, zwischen harmlosen oder gar nützlichen (apathogenen), also nicht-krankmachenden Bakterien, die auf der Haut von Mensch und Tier, den Schleimhäuten und in unserem Magen-Darm-Trakt leben, und der unendlichen Reihe von pathogenen, also krankheitserregenden Bakterien.

*Bakterien sind überall, im Boden, in der Luft, im Wasser, auf Pflanzen und Tieren und gehören zu unserem Leben dazu, ja, leben auf und in unserem Körper.*

In Großstädten und in städtischen Wohnräumen leben mehr Bakterien als in der freien Luft über unbesiedeltem Gebiet. Während gutes Trinkwasser höchstens 100 Bakterien pro Kubikzentimeter enthält, lassen sich in der glei-

*Sie sollten diese Art der Futterbelohnung während der Schwangerschaft vermeiden.*

chen Menge stark verschmutzten Abwassers etwa eine Million Bakterien nachweisen.

„Ihhh, Hundebazillen!" ekeln sich manche Leute bei engem Körperkontakt mit Tieren und versuchen, ihn zu vermeiden. Und so manches Elternteil legt bei den eigenen Kindern noch größten Wert auf „hygienischen" Abstand – wie auch die Mutter von Konrad Lorenz:

„Ich selbst habe leider eine hundelose Kindheit verbracht. Meine Mutter stammte nämlich aus einer Zeit, in der die Bakterien gerade erfunden worden waren und die meisten wohl situierten Kinder rachitisch wurden, weil man aus Furcht vor Bazillen alle Vitamine in der Kindermilch wegsterilisierte. Erst als ich so groß war, dass man meinem feierlichen Manneswort, mich nie von dem Hunde abschlecken zu lassen, genügendes Vertrauen entgegenbrachte, durfte ich zum erstenmal einen Hund haben."

Glücklicherweise hat sich Frau Lorenz noch eines Besseren besonnen; sonst wäre uns am Ende noch einer der bedeutendsten Verhaltensforscher und Kynologen verloren gegangen!

Doch sind die „Tierbazillen" wirklich so viel gefährlicher als die „Menschenkeime"? Eigentlich nicht, denn unsere Haustiere haben sehr ähnliche, sogar viele gleiche Bakterien wie wir Menschen – schließlich leben sie in derselben Umgebung und sind denselben Umwelteinflüssen ausgesetzt.

*Streicheln und Schmusen sind – auch für die Schwangere und das ungeborene Kind – kein Problem. Allein der Austausch von Körperflüssigkeiten beim Ablecken des Gesichts oder dem Belecken von offenen Wunden ist zu vermeiden.*

Allerdings können Tiere aufgrund ihrer bodenbezogeneren Lebensweise einfach mit mehr Bakterien in Kontakt kommen als wir Menschen. Sie duschen nicht, schnüffeln aber in ihrer Umgebung überall herum und stecken dabei ihre Nase oder Schnauze „in jeden Dreck". Dabei nehmen sie auch entsprechend mehr und häufiger Bakterien aus der Umgebung auf, darunter auch Krankheitserreger wie Streptokokken und Staphylokokken, die aber auch von Mensch zu Mensch übertragen werden können. Über die Weitergabe an den Menschen

### Ansteckungsgefahren

◆ Wenn überhaupt, dann können Tiere uns nur mit menschpathogenen Keimen anstecken.

◆ Nach dem Schmusen und Streicheln die Hände waschen. Auf keinen Fall die eigenen Finger ablecken.

◆ Gegen die meisten Bakterien, die sich permanent im Umfeld der Menschen befinden, werden Antikörper entwickelt, die uns immun machen.

◆ Sollte eine Schwangere trotz aller Vorsichtsmaßnahmen doch einmal an einer Infektion erkranken, so existieren eine Reihe Antibiotika, die dem ungeborenen Kind nicht schaden und aus diesem Grund auch während der Schwangerschaft eingesetzt werden können.

◆ Der Fötus im Mutterleib ist durch die Plazenta vor den meisten Krankheitskeimen geschützt, denn im Gegensatz zu den kleineren Viren sind Bakterien zu groß, um die Plazenta passieren zu können.

◆ Nach der Geburt wird das Immunsystem des Babys durch die Muttermilch mit Antikörpern gegen die wichtigsten Krankheitserreger versorgt.

entscheidet allein der verantwortungsvolle Umgang mit den Tieren: Streicheln und Schmusen sind – auch für die Schwangere und das ungeborene Kind – kein Problem. Allein der Austausch von Körperflüssigkeiten beim Ablecken des Gesichts oder dem Belecken von offenen Wunden ist zu vermeiden.

## Nestschutz und Abwehrkräfte

Es ist besonders bemerkenswert, dass viele Gynäkologen und andere Ärzte, die sich intensiv mit dem Thema „Tiere und Krankheiten" beschäftigt haben, die Gefahren und Risiken im Zusammenleben werdender Mütter mit Tieren als eher gering einschätzen und durch wenige alltägliche Vorsichtsmaßnahmen und normale Hygiene, wie regelmäßiges Händewaschen, als vermeidbar ansehen.

Wenn zusätzlich dazu bei den Vierbeinern noch regelmäßig Wurmkuren und Gesundheitschecks beim Tierarzt durchgeführt, außerdem Flöhe und andere mögliche Parasiten erfolgreich bekämpft werden (*vgl. Seite 52 ff.*), kann von einem Haustier kaum eine infektiöse Gefahr ausgehen.

> Experten bestätigen, dass das Kind im Mutterleib bereits entscheidende Abwehrkräfte gegen die Bakterien des eigenen Haushalts samt dazugehöriger Heimtiere entwickelt.

Experten bestätigen zudem, dass das Kind im Mutterleib bereits entscheidende Abwehrkräfte gegen die Bakterien des eigenen Haushalts samt dazugehöriger Heimtiere entwickelt. Und das ist, ganz automatisch, bereits der beste Schutz, der vorstellbar ist.

Übrigens: Gegen viele Krankheitserreger, auf die Neugeborene im Krankenhaus treffen können, besitzen sie nicht ohne weiteres die notwendigen Abwehrkräfte. Gerade deshalb muss während des Klinikaufenthalts bei Neugeborenen so extrem viel Wert auf Hygiene gelegt werden. Doch dies ist eine Ausnahmesituation, die nicht automatisch auf Zuhause übertragen werden muss.

Falls die zukünftigen Eltern mit dem Gedanken spielen, sich zusätzlich zum Kind auch ein Haustier anzuschaffen, sollten sie dies – auch aus hygienischen Gründen – bereits während der Schwangerschaft und nicht erst nach der Geburt des Kinds tun, denn nur dann sind Mutter und Kind bereits an die „Tierbazillen" gewöhnt und Abwehrkräfte schon entwickelt. Auch die Gefahr, dass ein Baby oder Kind später allergisch auf Haustiere reagiert, wird dadurch – und nach der Geburt durch das Stillen – deutlich geschmälert.

## Gesundheitsvorsorge beim Tier

Wenn Sie all die folgenden vorbeugenden Maßnahmen an Ihren Tieren regelmäßig durchführen (lassen), können die Hauptrisiken einer ansteckenden Krankheit oder eines Parasitenbefalls schon von vornherein vermieden werden:

48

*Lassen Sie Ihr Tier regelmäßig von einem Tierarzt durchchecken und einmal jährlich impfen.*

**Veterinärmedizinischer Gesundheitscheck**

Auch unabhängig von Frauchens Schwangerschaft oder einem Säugling im Haushalt sollten Sie Ihr Tier von Zeit zu Zeit beim Tierarzt durchchecken lassen. Die obligatorischen jährlichen Impfungen für Hund und Katze sind dazu eine wunderbare Gelegenheit. Vor allem, wenn es sich bereits um einen älteren Vierbeiner handelt, ist dies schon im Interesse des Tiers sinnvoll. Eine Binsenweisheit, die natürlich auch bei Tieren zutrifft: Je früher eine Krankheit entdeckt wird, desto besser stehen die Chancen einer Heilung oder dafür, das Leben des Tiers zu verlängern.

**Die Impfungen**

Basis jeglicher veterinärmedizinischer Versorgung sind die aktiven Immunisierungen gegen lebensbedrohliche und ansteckende Krankheiten, gegen die das Tier dann Antikörper bilden kann. Was den genauen Ablauf, die Anzahl und Inter-

> Auch unabhängig von Frauchens Schwangerschaft oder einem Säugling im Haushalt sollten Sie Ihr Tier von Zeit zu Zeit beim Tierarzt durchchecken lassen.

valle der Impfungen angeht, so verfahren die Tierärzte jedoch unterschiedlich, und entsprechend fallen auch die veterinärmedizinischen Empfehlungen aus. Also wundern Sie sich bitte nicht, wenn Ihr Tierarzt den folgenden Impfverlauf ein wenig variiert. Die allgemein übliche Vorgehensweise sieht allerdings so aus:

**Bei Hunden:** Zwischen der 8. und 12. Lebenswoche müssen Welpen die Grundimmunisierung bekommen, d. h. die Schutzimpfung gegen die fünf Infektionskrankheiten Tollwut, Staupe, Hepatitis contagiosa canis (kurz: H.c.c. – infektiöse Leberentzündung), Leptospirose (auch „Stuttgarter Hundeseuche" genannt) und Parvovirose (wegen seines artverwandten Virus' irritierenderweise auch als "Katzenseuche" bezeichnet). Da der maternale Schutz, also die Immunisierung durch die Muttermilch, nach der 6. Woche spürbar nachlässt, wird in der Regel spätestens nach der 8. Woche die Vierfach-Impfung gespritzt, also gegen die o.g. vier Krankheiten mit Ausnahme von Tollwut. Vier Wochen später wird das wiederholt, allerdings nun gleich zusammen mit der jetzt mit Abschluss der 12. Lebenswoche fälligen Tollwut-Impfung, so dass der Hund zu diesem Zeitpunkt seine erste Fünffach-Impfung (SHPLT) erhält. Manche Tierärzte raten im Falle der Parvovirose sicherheitshalber noch zu einer dritten Spritze nach der 16. Lebenswoche. Wie auch immer, die Fünffachimpfung wird nach einem Jahr wiederholt. Danach bleibt es, was Tollwut und Leptospirose angeht, beim jährlichen Rhythmus, während gegen Staupe, Hepatitis c.c. und Parvovirose nur noch alle zwei Jahre geimpft werden muss. Die Erfahrung hat allerdings gezeigt, dass der Impfschutz doch zuverlässiger ist, wenn auch gegen diese drei Krankheiten jährlich geimpft wird, so dass dies viele Tierärzte vor allem bei Parvovirose empfehlen – je nachdem, wie der Infektionsdruck in der Umgebung des Tiers aussieht: Hat ein Hund beispielsweise sehr viel Kontakt mit anderen Hunden oder gab es in der Region auffallend viele Fälle dieser Krankheiten, so ist eine jährliche Fünffach-Impfung einfach beruhigend.

**Bei Katzen:** Katzen haben viele Leben, heißt es immer wieder. Das stimmt in Bezug auf die Zähigkeit, mit der sie selbst schlimme Verletzungen überstehen. Ganz anders jedoch bei

Krankheiten: Den klassischen Viruskrankheiten Katzenseuche (auch Katzenpest oder -staupe genannt, Fachbegriff: Panleukopenie; hat übrigens nichts mit Parvovirose des Hundes, *vgl. links*, zu tun, ist aber ein verwandtes Virus), Katzenschnupfen und Tollwut sowie inzwischen in stark zunehmendem Maße auch Leukose (Felines Leukose-Virus, FeLV) , FIP ( Feline Infektiöse Peritonitis, Bauchfellentzündung) und FIV (Felines Immunschwächevirus, das so genannte Katzen-Aids, für Menschen nicht ansteckend) fallen viele Samtpfoten zum Opfer. Egal ob reine Wohnungskatze oder „Freigänger", auf jeden Fall muss der verantwortungsvolle Katzenhalter gegen Katzenseuche und Katzenschnupfen impfen. Tollwut kann sich eine reine Wohnungskatze nicht holen. Allerdings würde ich trotzdem auch dagegen impfen lassen, denn erstens kann auch die häuslichste Samtpfote einmal ausbüchsen und zweitens ist die Tollwutimpfung Pflicht, wenn Sie die Katze einmal mit ins Ausland nehmen oder sie während einer Reise in einer Tierpension, Pflegestelle oder im Tierheim unterbringen möchten. Dann wird nämlich der aktuelle Impfschutz und -pass kontrolliert! Bei Gartentigern mit Auslauf würde ich zusätzlich dazu auch eine Leukose-Impfung empfehlen. Deren Grundimmunisierung setzt sich aus zwei Injektionen im Abstand von drei Wochen zusammen. Die jährlichen Wiederholungstermine müssen allerdings exakt eingehalten werden. Seit einiger Zeit gibt es auch eine Impfung gegen FIP, deren Schutzwirkung allerdings umstritten ist.

Die Impfung gegen Katzenseuche und Katzenschnupfen wird nach der 8. Woche vorgenommen. Diese wird vier Wochen später wiederholt und, genau wie bei den Hundekrankheiten, kommt dabei dann gleich die Tollwutimpfung hinzu. Die Tollwutimpfung muss unbedingt jährlich aufgefrischt werden. Bei Katzenseuche und Katzenschnupfen halten manche auch einen zweijährigen Abstand für verantwortbar. Die meisten der Tierärzte, die ich kenne, empfehlen jedoch auch in diesen Fällen ein einjähriges Intervall. Da die Impfstoffe jeweils mit einer einzigen Spritze verabreicht werden, sind Stress, Untersuchung und Aufwand für Tier und Tierhalter dabei gleich; weiterhin ist die Dreifach-Impfung nur unwesentlich teurer als die einfache Tollwutimpfung.

Falls Sie beobachten, dass Ihr Hund mit dem After über den Boden gleitet, indem er mit den Vorderpfoten sein Hinterteil nachzieht, ist das ein möglicher Hinweis auf Bandwürmer. Allerdings könnte auch eine gefüllte Analdrüse die Ursache für dieses so genannte „Schlittenfahren" sein. Das kann jedoch der Tierarzt leicht feststellen und bei Bedarf die Analdrüse ausdrücken. Sollte mit der Analdrüse jedoch alles in Ordnung sein, so spricht das „Schlittenfahren" leider für einen Bandwurm.

Im Gegensatz zu den Eiern der Spulwürmer lassen sich die des Bandwurms nicht durch eine mikroskopische Kotanalyse im Labor aufspüren, so dass Sie auf eigene Beobachtungen angewiesen sind: Überprüfen Sie regelmäßig den Körper des Tiers, seine Ruheplätze und den Kot. Die Bandwurmglieder sehen aus wie Reiskörner, bewegen oder winden sich aber wie ein winziger Wurm oder eine kleine Raupe.

Sobald Sie Bandwurmglieder im Fell oder auf den Lieblingsplätzen Ihres Tiers entdecken, sollten Sie unbedingt so schnell wie möglich eine Bandwurmkur vornehmen. Denn würde ein Baby solch ein Bandwurmglied verschlucken, würde es sich natürlich anstecken.

Abgestoßene Bandwurmglieder finden sich am häufigsten im Afterbereich, wo sie auch die Ursache für den Juckreiz sind, der

*So sieht der Kopf eines Bandwurms aus.*

wiederum zum „Schlittenfahren" führt. Sollten Sie solch ein bewegliches „Reiskorn" an Ihrem Haustier entdecken, ist dies zwar kein Grund zur Panik, aber zum schnellen Handeln: Entfernen Sie das Wurmglied und entsorgen Sie es – aber bitte nicht einfach in die Toilette oder in den Garten werfen, von wo aus die Würmer übertragen werden können, sondern entweder verbrennen, vergraben oder mit hochprozentigem Alkohol abtöten.

Dann besorgen Sie sich eine Wurmkur bei Ihrem Tierarzt; die jeweilige Dosis richtet sich nach dem Gewicht des Tiers. Es gibt drei verschiedene Darreichungsformen der Medikamente, nämlich als Spritze, Tablette oder Paste. Die Paste ist vor allem für Katzen gedacht, die sich in der Regel und oft leider ziemlich erfolgreich weigern, Tabletten zu schlucken. Aber auch die Paste zu verabreichen ist manchmal gar nicht so einfach, wie ich bei meinen Katzen feststellen musste. Aber mit viel Geduld, guten Nerven, List und Tricks gelingt es meist, entweder die Tabletten oder die Paste zu verfüttern: Jeder meiner Katzen habe ich dazu das Medikament in ihrem Lieblingsleckerli versteckt: einmal Lachs, einmal Butterkäse und einmal Fleischwurst. Hunde sind normalerweise weniger wählerisch, so dass es bei ihnen meistens egal ist, welche Medikamentenform man nimmt.

Hat man mehrere Tiere, muss man genau darauf achten, dass jedes Tier die für es vorgesehene Menge zu sich nimmt. Dazu füttert man die Tiere am besten getrennt. Wenn alle Stricke reißen, d. h., wenn weder Paste noch Pille geschluckt werden, ist der erneute Gang zum Tierarzt erforderlich, wo die Tiere dann ihre Wurmkur durch eine ungeliebte Injektion bekommen. Wichtig: Nach zehn Tagen muss die Wurmkur auf jeden Fall wiederholt werden!

**Wichtig: Nach zehn Tagen muss die Wurmkur auf jeden Fall wiederholt werden!**

Wie alle Wurmkuren, so belastet auch die gegen Bandwürmer den Organismus und sollte deshalb nicht einfach turnusmäßig durchgeführt werden, sondern wirklich nur dann, wenn ein Befall mit Sicherheit anzunehmen ist. Wenn z. B. ein Tier Flöhe hatte, so ist es relativ wahrscheinlich, dass es sich durch die Blutsauger auch gleich einen Bandwurm eingefangen hat.

53

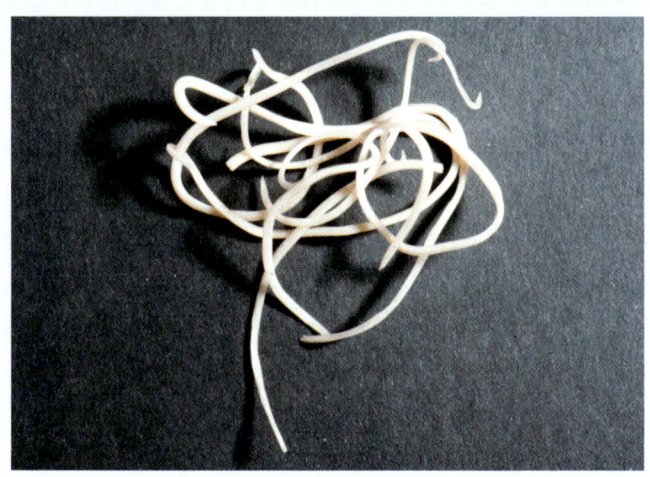

*Die weißen Spulwürmer kann man mit dem bloßen Auge im Kot erkennen.*

## ...und Spulwürmer

Spulwürmer sind lange dünne weiße Würmer, die man im Kot der Tiere findet. Aber auch, wenn Sie – erfreulicherweise – nicht fündig werden, sollten Sie von Zeit zu Zeit eine Kotprobe zur Untersuchung zum Tierarzt bringen, denn darin lassen sich die Eier des Spulwurms nachweisen und damit ein Befall frühzeitig erkennen. Weil man jedoch nicht unnötig häufig Wurmkuren verabreichen soll, gilt auch hier wieder die Devise: Nicht die Spulwurmkur sollte regelmäßig prophylaktisch durchgeführt werden, sondern zunächst nur die mikroskopische Kotuntersuchung im Labor. Die Spulwurmkur wird dann gegebenenfalls als Paste verabreicht, und auch hier richtet sich die Menge nach dem Gewicht des Tiers.

Vor allem Welpen oder herrenlose Tiere wie die Strand- und Straßenhunde in Süd- und Osteuropa sind häufig von Spulwürmern befallen. Die Spulwürmer gehen mit der Wurmkur ab, und das Problem ist je nach Befall mehr oder weniger schnell gelöst. Erschrecken Sie nicht, wenn Sie bei starkem Befall die unappetitlichen Würmer im Kot herum wuseln sehen – das ist ein gutes Zeichen, denn es zeigt den Erfolg der Wurmkur an.

# Flöhe und hilfreiche Flohkuren

Auch die gepflegtesten Tiere können sich einmal einen Floh ein-
fangen, das kommt sozusagen in den besten Tierfamilien vor.
Aber Flöhe vermehren sich schnell und können Bandwürmer
übertragen. Deshalb muss man umgehend etwas gegen die
blutsaugenden Plagegeister unternehmen. Dazu gibt es verschiedene Hilfsmittel in Form von Sprays, Puder, Tabletten,
Shampoos und Kriechöl-Ampullen. Lassen Sie sich über die
jeweiligen Vor- und Nachteile der Medikamentenformen von
Ihrem Tierarzt beraten. Einige ganz neue Mittel sind gerade auf
den Markt gekommen, was besonders
wichtig ist, um möglichen Resistenzen der **Flöhe vermehren sich**
neuen Flohgenerationen gegen
altbekannte Mittel zu begegnen. Denken **schnell und können**
Sie bitte daran, dass nach Flohbefall auf **Bandwürmer übertragen.**
jeden Fall eine Bandwurmkur fällig ist!
Wenn Sie nur ein Tier haben, sind Flöhe leicht und meist durch
eine zweimalige Behandlung erfolgreich zu bekämpfen. Schwierig ist es dagegen, wenn Sie mehrere Tiere haben, unter denen
sich auch noch Katzen mit Freigang befinden. Beim Mäusefang
infizieren sie sich immer wieder mit den kleinen Blutsaugern,
das lässt sich nicht verhindern. Leider springen Katzenflöhe
auch gerne auf Hunde und umgekehrt. Um so wichtiger ist es,
die Tiere regelmäßig auf Parasiten zu untersuchen und bei
Befall sofort etwas zu unternehmen. Behandeln Sie aber nicht
nur das befallene Tier, sondern auch alle anderen Tiere im
Haushalt und deren Liegeplätze. Einer der größten Feinde des
Flohs ist der Staubsauger. Saugen Sie also bei Flohbefall so oft
und gründlich wie möglich, vor allem dort, wo sich Ihre Tiere
gerne aufhalten. Vergessen Sie bitte auch die Autositze nicht,
wenn der Hund ein regelmäßiger Mitfahrer ist.
In der Regel lassen die Flöhe uns Menschen in Ruhe, verirren
sich höchstens aus Versehen zu unsereinem oder wenn der
Befall der Haustiere wirklich so stark ist, dass die Flöhe nach
neuen „Lebensräumen" suchen müssen.
Inzwischen gibt es auch verschiedene ätherische Öle, die Hunde
und Katzen durch ihre Wirkstoffe vor Ungeziefer schützen sol-

len. Ein paar Tropfen ins Fell, und schon sollen Zecke und Floh keinen Appetit mehr auf Ihr Tier haben. Wahrscheinlich wirken solche Öle aber höchstens prophylaktisch, also bevor Ihr Tier davon befallen wird, oder nachdem alle vorhandenen Flöhe samt Eiern bereits verschwunden sind. Einige dieser ätherischen Öle riechen für uns Menschen ausgesprochen angenehm. Wie die geruchssensiblen Vierbeiner die Aromen allerdings finden, bleibt fraglich. Trotzdem sollte man, besonders dann, wenn Schwangere, Säuglinge und Kleinkinder die Tiere streicheln und liebkosen, versuchen, das Flohproblem mit biologischen Präparaten anstatt mit der chemischen Keule in den Griff zu bekommen.

> Versuchen Sie, besonders dann, wenn Schwangere, Säuglinge und Kleinkinder die Tiere streicheln und liebkosen, das Flohproblem mit biologischen Präparaten anstatt mit der chemischen Keule in den Griff zu bekommen.

## Zecken – Vorsicht in Wald und Flur

Zecken werden nicht von Ihren Haustieren auf Sie übertragen. Inwieweit Sie selbst von Zecken betroffen sind, ist nicht direkt abhängig von den Tieren, die in Ihrem Haushalt leben. Einen Zusammenhang gibt es höchstens indirekt, da sich Menschen mit Hunden erfahrungsgemäß häufig im Freien und in Wald und Flur aufhalten. Als Viel-Spaziergänger sind sie daher entsprechend gefährdeter als Stubenhocker. Aber auch Zecken bevorzugen, wie Flöhe, Lebewesen mit Fell als Aufenthaltsort, so dass Sie selbst in tierischer Begleitung sogar eher weniger gefährdet sind. Die einzige Möglichkeit, sich vom Haustier Zecken zu holen, allerdings wieder nur indirekt, entsteht, während Sie Ihr(e) Tier(e) nach selbigen absuchen, um sie von den Blutsaugern zu befreien. Dabei kann es schon einmal

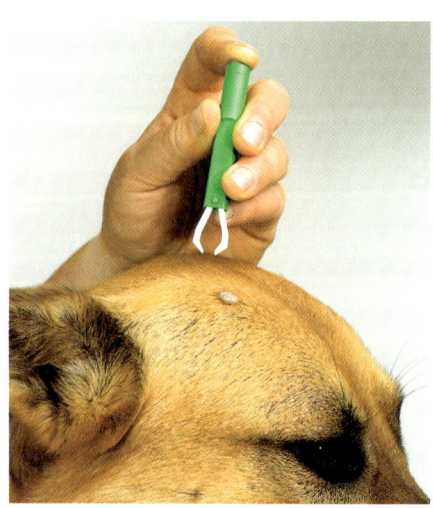

*Zecken am besten mit einer speziellen Zeckenzange entfernen.*

passieren, dass eine Zecke, die noch im Fell herumkrabbelt, weil sie den geeigneten Platz zum „Andocken" sucht, auf Ihrer Hand weiterläuft. Aber das merken Sie bestimmt sofort. Wie auch immer: Egal, ob Sie eine Zecke haben oder Ihr Kind oder Ihr Haustier; mit einer Zeckenzange oder Pinzette drehen Sie den Parasit heraus. Bitte nicht einfach wegwerfen, sondern zuvor unbedingt töten, damit wenigstens diese Zecke niemanden mehr befällt. Zecken, die nicht am Tier entdeckt werden, fallen, wenn sie vollgesaugt und ungefähr bohnengroß sind, einfach ab. Schon um zu vermeiden, dass auf Ihrem Teppich plötzlich so ein rundes Ding herumliegt, für das sich ein Krabbelkind interessieren könnte, sollte man die eigenen Haustiere regelmäßig und gründlich absuchen. Die Zecken können dann rechtzeitig entfernt werden.

Um es aber noch einmal ganz deutlich zu sagen: Probleme mit Zecken können kleine und große Menschen mit Vierbeinern genauso haben wie Familien ohne Haustiere.

Manche Zecken, nämlich die der Gattung *Ornithodorus,* können Borreliose übertragen, eine akute fieberhafte Infektionskrankheit, die durch Bakterien namens Borrelien verursacht wird.

Auch eine Hirnhautentzündung kann durch einen Zeckenbiss entstehen (Zeckenenzephalitis). Dagegen kann man sich impfen lassen. Inwieweit dies sinnvoll ist, ist von Fall zu Fall verschieden und sollte daher mit dem Arzt besprochen werden.

Außerdem ist die Übertragungsgefahr durch Zecken regional unterschiedlich stark ausgeprägt und beschränkt sich in der Regel auf die südliche Hälfte Deutschlands.

Um es aber noch einmal ganz deutlich zu sagen: Probleme mit Zecken können kleine und große Menschen ohne Vierbeiner genauso haben wie Familien mit Haustieren.

Das gleiche gilt übrigens auch für Läuse. Sollte sich daher eines Ihrer Kinder einmal im Kindergarten oder in der Schule mit (Kopf-)Läusen infizieren, reicht es, alle zweibeinigen Familienmitglieder mit einem entsprechenden Shampoo zu behandeln. Tiere spielen hier als Überträger kaum eine Rolle.

# Wenn ein Kind kommt und das Tier zuerst da war

Wenn Sie sich ein Haustier anschaffen möchten und bereits ahnen, dass Sie auch später irgendwann einmal ein Kind oder Kinder haben möchten, dann suchen Sie sich bitte von vornherein einen unproblematischen Hund bzw. eine kinderfreundliche Katze im Tierheim aus. Vermeiden Sie Problemtiere, die mit Kindern nicht zurecht kommen könnten.

Manche Hunde oder Katzen sind einfach nicht kinderlieb und einige wenige werden es auch nie werden. Vielleicht haben sie schlechte Erfahrungen mit Kindern gemacht, und vielleicht sind sie sogar genau deswegen im Tierheim gelandet. Dann ist ihre Abneigung dort bekannt. Sprechen Sie also vor einer Vermittlung über Ihre etwaige Familienplanung, auch wenn sie noch in ferner Zukunft liegt.

Ein Tier, vor allem ein Hund, muss lernen, das neue Familienmitglied zu akzeptieren und darf sich in der Rangordnung nicht über das Kind stellen. Das kann vor allem dann leicht passieren, wenn der Hund bereits vor dem Baby da war und glaubt, seine älteren Rechte verteidigen zu müssen. Damit das Tier nicht eifersüchtig wird, dürfen Sie es jetzt nicht beiseite schieben. Im Gegenteil, kümmern Sie sich möglichst viel um den Hund oder die Katze. Die letzten Schwangerschaftswochen, in denen die werdende Mutter ja ohnehin meist mehr Zeit hat, z. B. weil sie nicht mehr arbeiten gehen darf, kann sie zur intensiven Beschäftigung mit dem Tier nutzen.

Eifersucht des Tiers lässt sich jedoch ganz einfach dadurch eingrenzen oder sogar vermeiden, indem man dem Tier ähnlich viel Aufmerksamkeit schenkt wie früher und es auf keinen Fall schlechter behandelt als vor dem Einzug des Babys. Das Tier

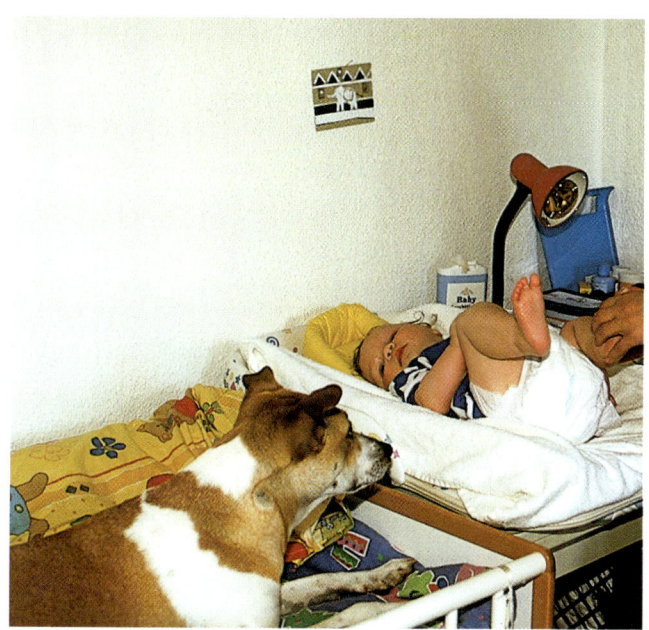

*Lassen Sie Ihren Hund an möglichst vielen Dingen teilhaben, die das Baby betreffen.*

sollte – soweit möglich – bei allem, was mit dem Kind zu tun hat, zuschauen bzw. daran teilhaben dürfen.

Doch trotz bester Vorbereitung und Zuversicht, trotz idealer „Kindertiere" im Haus wird es immer ein paar Besserwisser und Wichtigtuer aus Verwandtschaft und Bekanntenkreis geben, die Ihnen mehr oder weniger dringend empfehlen, nun des Kinds wegen die Tiere abzugeben. Lassen Sie sich davon nicht verunsichern. Ihre Kinder werden Ihnen später bestimmt dankbar sein.

## In der Schwangerschaft

Die Schwangerschaft ist eigentlich der ideale Zeitpunkt zur Anschaffung eines Haustiers. Viele Frauen haben gerade in der Schwangerschaft genügend Zeit und Muße, sich mit einem Tier zu beschäftigen. Vor allem berufstätige Frauen können die sechs Wochen vor der Geburt, also den Auftakt der obligatorischen Mutterschutzphase, ganz wunderbar gemeinsam mit ihrem Tier genießen. Ich hatte seit meinem Studium nicht mehr so viel Zeit für meinen Hund wie während der Wochen vor der Geburt meiner ersten Tochter – und danach leider auch nie mehr wieder. Wann werden Sie jemals wieder so unbeschwert spazieren gehen können? Später, mit dem Baby auf dem Arm oder im unhandlichen Kinderwagen ist Ihre Bewegungsfreiheit

*Die Zeit vor der Geburt ist ideal, um sich ausgiebig mit dem Haustier zu beschäftigen.*

schon deutlich eingeschränkt – ganz abgesehen von der Prozedur des Anziehens des Neugeborenen, bevor Sie losgehen können. Jedes „Gassigehen" kann zum Konditionstraining werden, denn Treppen und Hügel sind für jede frisch gebackene Mutter eine Herausforderung beim Spazierengehen.

Genießen Sie also die ungebundene Zeit der Schwangerschaft und nutzen Sie diese ideale Phase für den persönlichen Freiraum – und das nicht nur mit bereits vorhandenen Tieren, sondern ganz besonders, um ein neues Tier an den Haushalt zu gewöhnen. Denn es macht einfach mehr Spaß, mit Hund spazieren zu gehen als ohne. Und es macht Spaß, sich während der Schwangerschaftsgymnastik und den Atemübungen gemeinsam mit einer Katze (oder mit zweien?) auf dem Teppich zu entspannen. Macht die zufrieden schnurrende Samtpfote es sich dann auf dem umfangreichen Bauch erst so richtig gemütlich, kann dies nicht nur das Baby im Mutterleib besänftigen, sondern gleichzeitig die Grundlage für eine spätere Freundschaft schaffen: Das Baby kennt das Schnurren bereits, wenn es auf die Welt kommt, und das vertraute Geräusch wird es auf ähnliche Weise beruhigen wie der Herzschlag der Eltern.

Genießen Sie die ungebundene Zeit der Schwangerschaft und nutzen Sie diese ideale Phase für den persönlichen Freiraum – und das nicht nur mit bereits vorhandenen Tieren, sondern ganz besonders, um ein neues Tier an den Haushalt zu gewöhnen.

Falls Tiere während der Schwangerschaft angeschafft werden, ist es unwahrscheinlich, dass sie auf das Baby mit Eifersucht reagieren: Die Zeit bis zur Geburt des Kinds ist in der Regel für das Tier zu kurz, um ausschließliche Besitzansprüche zu entwickeln. Bei Tieren, die schon lange vor dem Baby zum Haushalt gehörten, kann das natürlich ganz anders sein. Doch Kinder und Tiere kann man mit ein paar Tricks leicht aneinander gewöhnen und damit beiderseitige Eifersüchteleien vermeiden (*vgl. Seite 64*).

Ich selbst habe mir übrigens während meiner ersten Schwangerschaft sogar noch einen zweiten Hund angeschafft: Während einer Sizilien-Rundreise lasen wir eine ca. einjährige herrenlose Hündin auf, die wenige Tage später der städtische Hundefänger „entsorgt" hätte, so wie das vielerorts in südlichen und osteuropäischen Ländern üblich ist. Natürlich trug diese verwilderte Hundedame ein Potpourri an Ungeziefer mit sich umher, aber das ließ sich schon vor Ort nach und nach reduzieren. Wieder zu Hause haben wir beschlossen, die kleine Ex-Streunerin zu behalten. Und ich musste mir natürlich von der halben Verwandtschaft die schlimmsten Vorwürfe anhören: „Im sechsten Monat schwanger und dann …", „Statt die eigenen Tiere eher abzuschaffen, noch zusätzlich den nächstbesten Straßenköter aufsammeln!" usw. Nun, wir haben es nie bereut, Selina nicht ihrem Schicksal überlassen zu haben. Und mittlerweile hat die jetzt ungefähr achtjährige Spitz-Dackel-Mischung mit besten Eigenschaften und großem Herzen in ihrem neuen Zuhause nicht nur den Familienzuwachs von zwei Babys, sondern auch noch vier Katzen sowie eine weitere Hündin in die Familie aufgenommen.

## Tiere integrieren

Weniger aus hygienischen, als vielmehr aus „pädagogischen" Gründen empfehlen einige Experten, den Kontakt mit Hunden oder Katzen bereits während der Schwangerschaft einzugrenzen, damit die Tiere dann, wenn das Baby da ist, bereits daran gewöhnt sind, dass nun – zumindest vorübergehend – entsprechend weniger Zeit für sie zur Verfügung steht. Auf diese Weise bringen die Vierbeiner die negative Erfahrung der „Vernachlässigung" nicht direkt mit dem Familienzuwachs in Verbindung.

Das ist aber sicherlich nur bei den wenigsten und besonders sensiblen Tieren notwendig; ansonsten sollten Sie versuchen, das Tier weder vor noch nach der Geburt Ihres Babys gravierend zu vernachlässigen, sondern es in alles, was möglich ist, einzubeziehen.

*Ein altbewährter und pfiffiger Trick ist es, bereits aus dem Krankenhaus ein paar gebrauchte Windeln des neuen Familienmitglieds mitzubringen, damit sich Hund und Katze schon einmal an dessen Geruch gewöhnen können.*

Manche empfehlen, Hund und Katze bereits während der Schwangerschaft an feste Zeiten zu gewöhnen, in denen mit ihnen gespielt, geschmust und „Gassi" gegangen wird – nämlich Zeiten, die vermutlich nicht mit dem späteren Rhythmus des Babys kollidieren, zum Beispiel während der Mittagszeit, wenn das Baby normalerweise noch schlafen sollte.

Das setzt allerdings voraus, dass die werdenden Eltern über nahezu hellseherische Fähigkeiten verfügen müssen und es ihnen gelingt, den Alltag und Tagesablauf mit Baby nach einem festen Plan zu gestalten. Bei meinen Kindern hat das kaum geklappt, aber es war uns auch nicht sehr wichtig.

64

Ein altbewährter und pfiffiger Trick ist es, bereits aus dem Krankenhaus ein paar gebrauchte Windeln des neuen Familienmitglieds mitzubringen, damit sich Hund und Katze schon einmal an dessen Geruch gewöhnen können. Das Baby ist dann bereits ein „alter Bekannter", wenn es schließlich ins Haus einzieht. Wenn Sie trotzdem Bedenken haben und Wert darauf legen, dass die Tiere den unmittelbaren Bereich des Babys meiden, dann sollten Sie ihnen das schon frühzeitig beibringen: Wiege, Wippe, Wickelkommode, Tragetasche, Kinderwagen und Krabbeldecke, vielleicht sogar das ganze Kinderzimmer, können rechtzeitig zur Tabuzone erklärt werden.

Allerdings können Hunde und Samtpfoten recht erfinderisch sein, um trotz Verbot bei passender Gelegenheit all diese verführerisch interessanten Neuanschaffungen einmal genau zu begutachten oder gar darin oder darauf Probe zu liegen. Das

*Viele Hunde fühlen sich als Beschützer des neuen „Rudelmitglieds".*

musste auch eine Freundin von mir feststellen: Schon vor der Geburt hatten sie und ihr Mann das Kinderzimmer fix und fertig eingerichtet. Und die beiden Kater, die bis zu diesem Zeitpunkt absolute Narrenfreiheit in der großen Stadtwohnung genossen hatten, durften nun plötzlich nicht mehr in dieses eine Zimmer. Natürlich machte gerade das Verbot diesen geheimnisvollen Raum höchst interessant. Wochenlang wählten daher die beiden neugierigen Kater extra den Umweg über einen Kastanienbaum vor dem häufig geöffneten Fenster, um heimlich die frisch bezogene Wiege sowie die nagelneue Wickelauflage einzuweihen. Das muss schon eine ganze Weile so gegangen sein, denn den werdenden Eltern war aufgefallen, dass die Kater entgegen ihrer sonstigen Gewohnheiten oft stundenlang verschwunden waren.

Den pfiffigen Haustigern war es lange Zeit offensichtlich immer geglückt, das Zimmer rechtzeitig durchs Fenster wieder zu verlassen, wenn sich jemand der Zimmertür näherte. Eines Tags sind sie allerdings einfach liegen geblieben, hatte ihnen doch an diesem Tag ein ziemlich starker Regenschauer den Fluchtweg versperrt! Nun war auch klar, wieso manchmal so erstaunlich viele Katzenhaare auf den Babysachen waren, obwohl doch so darauf geachtet wurde, dass die Tür immer geschlossen war. Übrigens: Die jungen Eltern nahmen es mit Humor und Gelassenheit. Und als Töchterchen Katharina dann geboren war, gab es niemals irgendwelche Probleme zwischen Baby und Katern, und das, obwohl diese früher praktisch auf Frauchens Schoß gelebt hatten.

# Babys und Haustiere

Auch Neugeborene und Kleinkinder können wunderbar mit Tieren auskommen, so dass das Zusammenleben für beide Seiten erfreulich und angenehm wird. Voraussetzung dafür ist das Beachten einiger Grundregeln.

### So kommt der Hund auf das Baby

1. Bereits während Mutter und Kind noch im Krankenhaus liegen, sollte der Vater von seinen dortigen Besuchen ab und

zu eine gebrauchte Windel mit nach Hause bringen, damit die Tiere daran schnuppern und sich an den neuen fremden Geruch gewöhnen können.

2. Ist der große Moment dann da, Mutter und Säugling kommen nach Hause, schaffen die Eltern die Basis für eine dauerhafte Freundschaft, indem sie das Baby dem Hund zu Pfoten legen, damit er es beschnuppern und annehmen kann. Er wird sich dann sein Leben lang für das Kind zuständig und verantwortlich fühlen und ein begeisterter Kinderwagenbewacher werden.

Das geht natürlich nur bei Hunden, bei denen man sich hundertprozentig sicher sein kann, dass sie das Baby nicht als Beute ansehen, mit etwas Essbarem verwechseln und zuschnappen. Man muss seinen Hund also gut genug kennen. Ich würde es nicht mit einem Tier machen, dass ich erst seit einigen Tagen im Haus habe oder das in seinem Verhalten unberechenbar ist. Eberhard Trumler hat das wahrscheinlich mit seinen Kindern auch so gemacht:

„Wer es nicht übers Herz bringt, dass einem neu in die Familie gekommenen Baby vom Hund einmal zärtlich mit der Zunge über das Gesicht geleckt wird, der sollte es sich gesagt sein lassen: Bei dieser Einstellung wäre es das allerbeste, sich weder Hund noch Kind anzuschaffen."

## Säugling und Samtpfote

Beim Zusammenleben von Samtpfoten und Säuglingen gibt es vor allem zwei Gefahren:

Katzen neigen dazu, sich zu den Babys in Wiege, Wagen oder Körbchen zu legen, was weniger aus hygienischen Gründen zu vermeiden ist, sondern vor allem weil sie sich manchmal versehentlich auf das Gesicht eines Säuglings legen. Dadurch ist es schon zu Todesfällen gekommen, da sich die Kinder noch nicht von dem Tier befreien und auch nicht bemerkbar machen können, so dass sie womöglich ersticken.

Um den Nachwuchs nicht ununterbrochen im Auge haben zu müssen, sollten Sie zur Sicherheit eine Art Überdachung aus Maschendraht bauen und dem schlafenden Säugling überstül-

*Mit etwas Einfühlungsvermögen wird aus Baby und Katze schnell ein unzertrennliches Gespann.*

pen. Damit erhält das Kind weiterhin Luft und Licht, aber eine Katze kann dann nicht zu ihm vordringen.

Die zweite Gefahr ist die, dass manche Katzen ihre Krallen nicht so unter Kontrolle haben, wie es für die zarte Babyhaut nötig wäre. Und besonders wenn sie dabei ins Gesicht treffen, können schmerzhafte Kratzer entstehen. Gerade strahlendrunde leuchtende Kinderaugen in einem runden Köpfchen sehen die Stubentiger als Aufforderung zum Spiel an, als Spielzeug vielleicht sogar und schlagen gerne mit der Tatze danach. Mögliche Augenverletzungen tun nicht nur weh, sondern können auch schlimme Folgen haben. Deshalb lassen Sie eine Katze nicht mit einem Baby allein und schimpfen Sie mit dem

Tier, falls es schon einmal nach dem Kind geschlagen hat. Lassen Sie die Katze aber auf jeden Fall weiter zu dem Kind, wenn Sie anwesend sind und schnell eingreifen können, denn später sollen die beiden ja noch dicke Freunde werden. Achten Sie auch darauf, dass das Baby keine Angst vor der Katze aufbaut, und animieren Sie es zum Streicheln des Tiers.

Nach kurzer Zeit wird sich das Problem von allein lösen, weil die Katze lernt, das Kind als Partner und nicht mehr als Spielzeug anzusehen. Sollte sie später noch einmal die Krallen einsetzen, um sich gegenüber dem größeren Kind zu wehren, ist das vielleicht ja ganz berechtigt. Und das sollte man dann dem Kind erklären (*vgl. Seite 84*).

Viele meinen, all das ist einfacher, wenn sie sich für ein Katzenbaby entscheiden. Aber ein Jungtier hat selbst noch viel Blödsinn im Kopf und noch keine Vorstellung davon, wie weh seine spitzen Zähnchen und Krallen einem Baby oder Kleinkind tun können. Oft weiß es seine Krallen noch nicht richtig einzusetzen und – vor allem – noch nicht einzuziehen.

**Lassen Sie die Katze auf jeden Fall zu dem Kind, wenn Sie anwesend sind und schnell eingreifen können, denn später sollen die beiden ja noch dicke Freunde werden.**

Außerdem besteht die Gefahr, dass Kinder vor lauter Begeisterung einen Katzenwelpen den ganzen Tag herumschleppen und als Spielzeug betrachten. Wenn Eltern und Erwachsene dann nicht zum Schutz des Kätzchens eingreifen, kann es passieren, dass die Katze für den Rest ihres Lebens von Kindern nichts mehr wissen möchte.

Fazit: Es ist zwar etwas Wunderschönes, wenn Katzenkind und Menschenkind miteinander aufwachsen und Freunde werden. Es kann jedoch auch für eine dauerhafte Harmonie zwischen Baby und Katze mitunter erfolgversprechender sein, statt eines Katzenkinds, über dessen Vorlieben und Charaktereigenschaften man noch nichts sagen kann, eine oder zwei etwas ältere Katzen anzuschaffen, „vernünftigere", aber trotzdem verspielte Tiere, von denen die Kinderfreundlichkeit bereits bekannt ist.

Die Tierschützer und -pfleger, in deren Tierheim Sie sich Ihre Stubentiger aussuchen möchten, kennen ihre Schützlinge am besten und wissen genau, welche Eigenarten und Bedürfnisse sie haben, so dass Sie mit Sicherheit vor einer Vermittlung ausführlich beraten werden können.

## Kleinkinder und Haustiere

### Was dürfen Kinder, was dürfen sie nicht?

„Wenn ich in einem fremden Haus sehe, dass ein Hund vor dem fünf- oder sechsjährigen Söhnchen nicht davonrennt, sondern ihm freundlich und ohne jede Scheu naht, steigt meine Wertschätzung des Söhnchens und damit der ganzen Familie beträchtlich."

So schrieb es Konrad Lorenz im Kapitel „Hunde und Kinder" seines berühmten Klassikers „So kam der Mensch auf den Hund" (siehe Literaturhinweise *Seite 120*). Denn oft genug machen es sich Eltern hier sehr einfach. Und man hört immer wieder Kommentare wie diese:

„Er ist ja so wild. Da haben wir ihm eine Katze gekauft. Da hat er etwas zum Abreagieren." – „Sie ist ja noch so klein. Da sind die Kinder schon einmal etwas grob." – „Ja, er zieht ihn ab und zu am Schwanz. So sind kleine Kinder nun einmal." – „Sie tritt manchmal nach der Katze. Kleine Kinder verstehen das halt noch nicht." – „Er scheucht immer die Kaninchen ein bisschen. Das findet er einfach lustig." – „Unsere Katzen leben nur noch auf den Schränken oder im Keller, seit der Kleine krabbeln kann. Das ist halt so bei Kindern."

*Es gibt keine Entschuldigung dafür, und es ist auch keineswegs normal oder unausweichlich, dass ein Kind einem Tier immer wieder Stress oder gar Schmerzen zufügt.*

Über solche Sätze von Eltern rege ich mich wirklich auf. Erwachsene sollten nicht achselzuckend zusehen, wenn Kinder Tiere ärgern oder gar quälen, selbst wenn die Kinder noch sehr klein sind. Es gibt keine Entschuldigung dafür, und es ist auch keineswegs normal oder unausweichlich, dass ein Kind einem Tier immer wieder Stress oder gar Schmerzen zufügt. Warum auch? Gewalt gegenüber Lebewesen, ob Mensch oder Tier, darf nicht toleriert und auf die leichte Schulter genommen

*So harmonisch kann das Spiel zwischen Vier- und Zweibeiner ablaufen.*

werden! Das Zusammenleben muss von gegenseitigem Respekt geprägt sein, denn Tiere sind lebendige Wesen mit einem Recht auf Eigenarten und Bedürfnisse – und kein lebloses Spielzeug! Natürlich kann es in der Tat einmal passieren, dass ein Baby oder Kleinkind nach einem Tier schlägt, tritt oder es am Schwanz zieht. Das darf **einmal** geschehen, aber nicht immer wieder! Denn schon beim ersten Mal ist dem Kind sofort deutlich klar zu machen, dass es so etwas auf gar keinen Fall noch einmal tun darf.

Im Idealfall reicht es, das Kind eindringlich mit scharfer Stimme und direktem Augenkontakt darauf hinzuweisen. Sollte dies nicht fruchten, würde ich mein Kind auch einmal etwas grob am Arm fassen, vom Tier wegziehen und dabei schimpfen. Sie werden feststellen, dass ein Kind mit normaler Auffassungsgabe und ohne sonstige Verhaltensauffälligkeiten das Problem sehr schnell durchschaut und sich zukünftig anders verhalten wird. Das gilt tatsächlich auch schon für Babys. Auch die ganz Kleinen sollte man nämlich in ihrer Lernfähigkeit keineswegs unterschätzen, so wie das leider sehr viele Eltern auch in anderen Zusamenhängen immer wieder tun. So meinen beispielsweise viele Erwachsene, solange Kinder nicht sprechen, können sie auch nichts verstehen. Doch beobachten Sie einmal einen Einjährigen. Auch wenn er selbst noch nichts sagen kann, so folgt doch sein Blick immer dem, worüber gerade gesprochen wird. Und er bekommt sehr wohl mit, was um ihn herum vorgeht.

### Wenn Kinder Tiere quälen

Falls ein Kind jedoch völlig uneinsichtig ist und vielleicht sogar mit voller Absicht Ihrem Haustier oder einem anderen Tier wehtut, muss man dem Kind besonders nachdrücklich und spürbar klarmachen, was es dem anderen Mitgeschöpf zumutet. Es ist auch keineswegs tolerierbar, sondern eher bedenklich, wenn ein Kind regelmäßig auf diese Weise seine Grenzen auch gegenüber dem Tier austestet. Eltern sollten solch eine Verhaltensauffälligkeit nicht herunterspielen, sondern den Ursachen und den möglichen Folgen des Vehaltens auf den Grund gehen.

Viele aggressive Kinder und gewalttätige Jugendliche haben sogar kriminelle Karrieren mit anscheinend so harmlosen Tierquälereien begonnen. In den Biografien vieler erwachsener Gewalttäter ist abzulesen, wie sie als Kinder ihre Aggression offensichtlich ungestört zunächst durch Gewalt gegenüber Tieren ausgelebt haben. So kenne ich den Fall eines jungen Mannes, der einen geistig behinderten Jungen quälte, indem er den Wehrlosen u. a. mit glühenden Zigaretten traktierte. Als Kind hatte der Täter zum großen Kummer seiner hilflosen Eltern bereits mit Inbrunst und Freude den Fliegen die Beine ausgerissen. Ungehemmte Tierquälerei kann ein erster Schritt in einen krankhaften Sadismus sein.

Einer der schlimmsten und unbegreiflichsten Fälle kindlicher Gewalt gegenüber einem wehrlosen Opfer ist der bestialische Mord an einem kleinen Jungen, der 1993 in Liverpool geschah und weltweit für großes Aufsehen und ungläubiges Entsetzen sorgte: Damals hatten zwei erst zehnjährige Jungen, die jüng-

> Es ist auch keineswegs tolerierbar, sondern eher bedenklich, wenn ein Kind regelmäßig auf diese Weise seine Grenzen auch gegenüber dem Tier austestet.

sten Mordangeklagten in der britischen Justizgeschichte, einen zweijährigen Buben entführt und unglaublich grausam zu Tode gequält. „Wie kann so etwas passieren?", fragten die Psychologen und kriminalistischen Experten – und mussten bei ihren Recherchen feststellen, dass die kindlichen Mörder aus elenden Familienverhältnissen stammten und zuvor nicht nur Gewaltvideos konsumiert, sondern auch Tiere gequält hatten.

Nun möchte ich wirklich nicht aus jedem wilden oder etwas groben Kind, das manchmal die Katze über den Haufen rennt oder dem Hund aus Versehen auf den Schwanz tritt oder mit ihm raufen möchte, einen zukünftigen sadistischen Gewalttäter machen. Trotzdem müssen auffallende und regelmäßige Tierquälereien unbedingt unterbunden und gegebenenfalls rechtzeitig psychologisch analysiert werden. Nur wenn das geschieht, kann sich der positive pädagogische Einfluss von Haustieren auf Kinder (*vgl. Seite 16*) auch entwickeln.

**Kinder brauchen Grenzen und überschaubare Regeln und Strukturen, dies gilt heute mehr denn je.**

Wir leben leider in einer Zeit, in der auf unsere Kinder mehr aggressionsreiche Einflüsse als je zuvor hereinprasseln: über Video- und Computerspiele, ja sogar über Trickfilme schon für die ganz Kleinen. Oft haben weder Eltern noch Erzieher und Lehrer die Situation unter Kontrolle. Pädagogen und Psychologen stellen mehr oder weniger hilflos eine Abstumpfung und Desensibilisierung, ja Enttabuisierung von Gewalt und Verrohung fest. Durch den zum Teil sowohl quantitativ als auch qualitativ extremen Fernseh-, Video- und Computerkonsum können viele Kinder nicht mehr zwischen Fiktion und Realität unterscheiden. Sie spielen das Gesehene nach, wollen einfach ausprobieren, ob sie so stark sind wie ihre Bildschirmhelden. Oft sind sie überrascht, dass das lebendige Opfer nach dem Umhauen nicht wie auf dem Bildschirm einfach aufsteht und weiterspielt, sondern schreit, sich wehrt und womöglich wirklich verletzt aus dem Angriff hervorgeht.

Kinder brauchen Grenzen und überschaubare Regeln und Strukturen, dies gilt heute mehr denn je. Kinder müssen nicht nur Verantwortung, sondern auch Respekt und Hilfsbereitschaft lernen. Mithilfe von tierischen Hausgenossen können sie relativ leicht und schnell spielerisch entdecken, wie viel schöner gegenseitige Rücksichtnahme beim Spielen und im Alltag sein kann.

Nach dem Mord an dem zweijährigen James Bulger aus Liverpool überschlugen sich die Medien mit Kommentaren und Analysen. Besonders nachdenklich macht ein kluger Satz aus der „Spiegel"-Titelgeschichte vom 1. März 1993: „Die jüngste Generation muss mit einer Werteverwirrung zurechtkommen, deren Ausmaß kaum abzuschätzen ist. Klare Maßstäbe für Recht und Unrecht, Gut und Böse, wie sie noch in den fünfziger und sechziger Jahren von Eltern und Schulen, Kirchen und manchmal auch von Politikern vermittelt wurden, sind für sie kaum noch erkennbar."

### Was Kinder nicht dürfen

◆ Tiere wie Spielzeug behandeln
◆ Tiere beim Essen oder Schlafen stören
◆ wehtun, verletzen
◆ an der Leine zerren
◆ in Behälter einsperren

Ein Gradmesser für die Einschätzung, was im Umgang von Kindern mit Tieren normal ist und was nicht, ist für mich immer die Frage: Was, wenn das Kind das, was es mit einem Tier macht, auch mit einem Menschen machen würde, mit einem gleichaltrigen Spielkameraden? Die Frage anders gestellt: Sieht das Kind im Tier ein niederes Wesen, mit dem man verfahren darf, wie man will, oder fängt es ab und zu einmal Streit mit ihm an, weil es seine Kräfte messen und Grenzen austesten will, so wie es dies auch mit den Kameraden in der Krabbelgruppe und im Kindergarten tut?

Im zweiten Fall wäre das Verhalten des Kinds eigentlich überhaupt kein Grund zur Sorge, muss jedoch schon deshalb beobachtet werden, weil dabei auch einmal die Reaktion des jeweiligen Tiers ziemlich schmerzhaft ausfallen kann.

Ein interessantes Beispiel, das dieser Tage bei uns im Garten passiert ist: Meine dreijährige Tochter hat unsere neue – Gott sei Dank sehr schmerzunempfindliche und ausgeglichene – Hündin mit Absicht (!) gezwickt, wie sie kurz danach ihrer größeren Schwester gegenüber gestanden hat.

Deren Rat „Das darfst Du aber nicht der Mama sagen" erweckte meine Aufmerksamkeit, und ich ging der Sache nach. Was war passiert? Hündin Fanja, ein riesengroßer Galgo-Mischling aus Andalusien, erlebt ihren ersten Sommer bei uns und hat sich gewagt, aus Amelies Wasserbahn zu trinken. Und diesen Frevel hat die stolze Bahnbesitzerin gleich „abgestraft", so wie sie sich es wohl dummerweise im Kindergarten bei anderen abgeschaut hat. Dabei liebt Amelie die Hündin sehr. Sie hat nicht gedacht, mit einem Hund könne man „alles machen". Im Gegenteil, sie hat das Tier als so ebenbürtig empfunden, dass sie davon ausging, dass Fanja weiß, was sie tut und (nicht) tun darf. Und sie hat sie – wenn auch ziemlich blöd – so behandelt, wie sie es auch mit einem zweibeinigen Spielgefährten getan hätte. Das, so musste ich erkennen, ist nun die Gefahr, wenn man den Kindern beibringt, das Haustier als Partner anzusehen: Kleinere Kinder finden das schnell völlig in Ordnung, aber sie können die Tiere damit überfordern. Hunde und Katzen haben einfach

*Mit einem Leckerli kann „kind" sich in das Herz fast jeden Hundes einschmeicheln.*

nicht dieselben Benimmregeln wie Menschen. Sie trinken eben auch einmal aus der Wasserbahn oder schärfen sich die Krallen am neuen Hochbett. Das habe ich meiner Tochter nach diesem Zwischenfall erklärt. Ich habe ihr deutlich gezeigt, dass ich über ihr Verhalten verärgert bin. Ich habe betont, dass bei uns „weder gekniffen noch gehauen wird", selbst wenn jemand etwas falsch macht. Ich kneife sie ja auch nicht, wenn sie mich ärgert. Der Hund, so erklärte ich ihr, konnte natürlich nicht wissen, dass er nicht aus der Wasserbahn trinken darf (warum auch eigentlich nicht?) und hat aus dem Kneifen nichts gelernt. Ich sagte Amelie, dass sie Glück hatte, dass Fanja nicht gebissen hat. Amelie zeigte sich schnell einsichtig und wird dies bestimmt nicht wiederholen. Mir hat der kleine Vorfall jedoch wieder einmal gezeigt, dass Eltern, auch wenn Tiere und kleine Kinder ganz wunderbar miteinander spielen, immer „ein Auge darauf haben" müssen. Selbst wenn sich das eigene Kind korrekt verhält, kann es ja auch sein, dass die Spielkameraden aus der Nachbarschaft die Tiere piesacken. Damit bin ich auch schon beim nächsten Aspekt:

### Ein Tier muss sich wehren dürfen

„Die Besorgnis, der Hund könnte einem Kinde etwas tun, ist geradezu lächerlich, hingegen besteht einiger Grund zu der gegenteiligen Sorge, dass sich nämlich der Hund von den Kindern zu viel gefallen lässt und sie dadurch zur Rücksichtslosigkeit erzieht."
Der bedeutende Wissenschaftler und Hundekenner Konrad Lorenz sorgte sich offensichtlich mehr um das Wohl der Hunde als um die Unversehrtheit der Kinder – nicht ganz zu Unrecht, denn mitunter muss tatsächlich eher das Tier vor dem Kind geschützt werden als umgekehrt.

### Wenn der Hund knurrt

Immer wieder landen Hunde im Tierheim oder werden anders weitergereicht, weil sie das Baby oder ein Kleinkind einmal angeknurrt haben. Das allein ist aber noch kein Grund, ein Tier abzuschieben. Ein Hund, der einen kleinen oder großen Menschen anknurrt, teilt ihm in seiner Sprache mit, dass es jetzt genug ist, dass ihm irgendetwas nun zu viel wird, dass man damit aufhören und ihn in Ruhe lassen soll. Knurren ist eine Drohgebärde in der Hundesprache.

Übrigens können Katzen nicht nur fauchen, sondern auch auf beeindruckende Weise knurren, beispielsweise wenn sie einen Leckerbissen in Sicherheit bringen wollen. Bei meinem Chefkater Emil höre ich bereits an seinem tiefen Knurren, dass er gerade eine Maus gefangen hat und die Beute mit niemandem zu teilen beabsichtigt. Sie, liebe Eltern, müssen in einem solchen Fall dafür sorgen, dass das Tier diese an sich ja mitunter auch berechtigte Drohung möglichst nicht wiederholen muss. Von Krabbelkindern kann man wirklich noch nicht verlangen, dass sie ein Knurren richtig einordnen können. Deshalb sollte man ein Baby einfach rasch, aber ohne Hektik und falsche Dramatik aus der Nähe eines knurrenden Tiers wegheben. Ein Kleinkind ab etwa eineinhalb Jahren würde ich zunächst zu mir rufen und ihm – mehr oder weniger dringend – erklären, dass es den Hund oder die Katze jetzt in Ruhe lassen soll. Wenn das Kind nicht reagiert, nimmt man es bei der Hand und führt es unter entsprechenden Erklärungen vom Tier weg.

Sollte es sich jedoch um einen sehr nervösen oder gar kinderunfreundlichen oder völlig unbekannten Hund handeln, würde ich kein Risiko eingehen und als erstes das Baby oder Kleinkind aus der Gefahrenzone bringen und dann das Problem, angemessen für Alter und Entwicklungsstand, erklären. Aber auch der Hund verdient bei grundloser Aggression eine deutliche Maßregelung. Knurren und andere Drohgebärden sind jedoch noch kein Grund, das Tier sogleich aus der Familie zu verbannen, sondern zunächst nur ein Anlass, Kind und Tier gut zu beobachten. Es gilt, jede Situation zu vermeiden, in der ein Hund seinen geliebten Knochen vermeintlich verteidigen muss. Auch wenn ein Kind an seinen heiligen Futternapf geht, ist es legitim, wenn

> Ein Hund, der einen kleinen oder großen Menschen anknurrt, teilt ihm in seiner Sprache mit, dass es jetzt genug ist, dass ihm irgend etwas nun zu viel wird, dass man aufhören und ihn in Ruhe lassen soll.

der Hund knurrt. Ein Kind muss lernen, dass bestimmte Sachen einzig dem Hund gehören und für andere tabu sind. So lernt es den nötigen Respekt vor den Bedürfnissen anderer Lebewesen. Bitte weisen Sie Ihre Gäste darauf hin, dem Hund erst dann ein Leckerli oder einen verführerischen Knochen zu überreichen, wenn das Baby nicht gerade vor seiner Schnauze herumkrabbelt. Am besten nehmen Sie das Kind solange auf den Arm oder lassen den Hund seinen Knochen im Garten oder Nebenzimmer in aller Ruhe fressen: Man muss heikle Situationen ja nicht provozieren.

## Wenn ein Hund beißt

Mit Spannung beobachteten wir während meiner ersten Schwangerschaft, wie sich unser vierbeiniger Familienzuwachs, die bereits erwähnte sizilianische Straßenhündin Selina, gegenüber Babys und Kleinkindern benahm. Auf einer Party gab sie uns schließlich eine lehrreiche und beruhigende Demonstration ihrer vorbildlichen Fähigkeiten im Umgang mit Kindern: Marvin, ein gerade einjähriger Rabauke, der schon recht sicher und flott auf den Beinchen war, rannte ständig hinter ihr her, um sie am Schwanz festzuhalten. Da wandte sie den Kopf um, nahm seinen Arm vorsichtig zwischen die Zähne und entfernte so seine Hand von ihrem Hinterteil. Der mit Hunden völlig unerfahrene Marvin und seine Mutter nahmen diese deutliche Geste gelassen hin. Die Eltern und andere erwachsene Gäste zeigten dem Jungen daraufhin, wie man richtig mit einem Hund spielt und ihn so streichelt, dass er sich wohl fühlt und nicht gleich wegläuft, denn das wollen die Kinder ja in der Regel nicht.

Wenn ein Hund seine Zähne gebraucht, so kann er dies auf vielfältige Weise tun: **Beißen ist nicht gleich Beißen.** Da gibt es erhebliche Unterschiede, Tierfreunde sprechen z. B. gerne von „Schnappen", „Knappen" oder „Zwacken", was ja noch harm-

> Knurren und andere Drohgebärden sind noch kein Grund, das Tier sogleich aus der Familie zu verbannen, sondern zunächst nur ein Anlass, Kind und Tier gut zu beobachten.

loser klingt, fast so wie „Zwicken." Aber oft sind solche Unter-
scheidungen durchaus berechtigt. Denn es ist einfach etwas
anderes, wenn ein Hund bloß einmal leicht zubeißt, so dass es
nicht blutet und vielleicht nicht einmal die Abdrücke der Zähne
zu sehen sind. Das ist vor allem dann verzeihlich, wenn das Tier
einen Grund hatte, sich zu wehren. Kinder sind in der Regel
davon so sehr beeindruckt, dass sie schnell begreifen, warum
das Tier nach ihnen geschnappt hat.
Selbst Selina, meine extrem liebe und friedfertige Mischlings-
hündin, wirklich eine Seele von einem Hund und vor allem sehr
kinderlieb, hat in einer Stresssituation auf einem Autobahnrast-
platz meine damals vierjährige Tochter in die Hand gebissen,
und das sogar relativ kräftig. Was war passiert? Die Hündin, die
Autofahrten grundsätzlich hasst, war sowieso bereits von der
ungewohnt langen Fahrt genervt und hatte deswegen bei
unserer Pause von mir zum Trost und zur Belohnung einen
supersaftigen Rinderknochen bekommen. Meine Tochter wollte
sie an einen besseren Platz führen und griff ahnungslos in
Schnauzen- und damit leider auch Knochennähe nach der
Leine. Die Hündin hat das missverstanden, sah ihren Schatz in
Gefahr und biss spontan zu.
In solch einer Situation heißt es, Nerven behalten, auch wenn
(wie in unserem Fall) das Kind fürchterlich weint. Meine Charlotte war schon deshalb völlig verzweifelt und fassungslos, weil
ihr das noch nie passiert war, weil sie gar nicht damit gerechnet
hatte, jemals von „ihrer" Seli gebissen zu werden. Sie weinte vor
Enttäuschung und natürlich auch aus Schmerz. Trotzdem
konnte ich sie schnell beruhigen und ihr erklären, dass dies einzig und alleine passiert ist, weil Seli dachte, sie wolle ihr den
Knochen wegnehmen. Und dabei beschwor ich sie gleich noch,
niemals einem Hund in die Nähe des Gesichts zu greifen, wenn
der gerade einen Leckerbissen essen möchte.
Mit der Hündin habe ich in diesem Fall gar nicht geschimpft,
denn ich hatte bereits bei allen unseren Hunden ähnliches
erlebt, wenn ein verführerischer frischer Knochen im Spiel war –
auch der liebenswürdigste Hund versteht dann keinen Spaß
mehr. Später, als Selina den Knochen in Ruhe verputzt hatte,
ermunterte ich Charlotte, sie zu streicheln und bat in Selinas

Namen um Entschuldigung. Daraufhin entschuldigte sich unaufgefordert auch Charlotte und erklärte der Hündin während der restlichen langen Autofahrt immer wieder, dass sie doch nur nach der Leine und niemals nach dem Knochen greifen wollte. Die beiden haben sich also aus Sicht des Kinds wieder versöhnt. Und die Hündin hatte, glaube ich, (vor lauter Gier) sowieso gar nicht so richtig mitgekriegt, was eigentlich passiert ist und dass sie womöglich etwas falsch gemacht hatte. Auch heute, drei Jahre später, kann sich Charlotte noch an den Vorfall erinnern und ihn genau und zutreffend schildern. Sie hat daraus gelernt – und es ist nie wieder etwas Ähnliches passiert.

Diese kleine Episode zeigt beispielhaft, dass auch ein echter Biss eine einmalige Angelegenheit sein kann und nicht immer gleich einer Tragödie nahekommt. Sicher gibt es andere Eltern, die aufgrund eines solchen Vorfalls, vor allem, wenn sie auch – wie ich damals – noch ein Baby haben, den Hund gleich abgegeben hätten. Aber ein Tier muss sich nicht alles gefallen lassen, genauso wenig wie ein Mensch. Das sollte ein Kind so früh wie möglich lernen. Denn, wenn es das nicht lernt, wird es in Zukunft im Umgang mit Tieren wie Menschen große Schwierigkeiten haben. Spätestens die Gleichaltrigen im Kindergarten und auf dem Spielplatz werden sich nämlich nicht alles gefallen lassen, sondern zurückschlagen! Außerdem ist es sicher sinnvoller, wenn das Kind unbefangen vom eigenen, möglichst kinderfreundlichen Hund lernt, was es mit einem Tier tun darf und was nicht, als dass es später einmal an einen weniger geduldigen, vielleicht sogar aggressiven Hund gerät.

Die Verwechslung von „schnappen" mit „richtig zubeißen" ist eine Sache, die Verwechslung von spielerischem Beißen mit aggressivem Beißen eine andere, die häufiger passiert, als man denkt. So meinen etliche Eltern und Tierhalter, die zu wenig Ahnung von Hunden haben und nicht einmal ihren eigenen richtig kennen, dass ein Hund, der beispielsweise im Spiel den Ärmel eines Kinds zwischen die Zähne nimmt, dem Kind etwas tun will. Ja, womit soll der Hund denn sonst etwas festhalten, wenn nicht mit den Zähnen? Er hat ja keine Hände wie wir. Gerade beim Spielen und Toben mit wilden Welpen und rauflustigen Junghunden kann es schon einmal ein wenig grober zugehen. Da sind Hundekinder nicht anders als Menschenkinder, und auch sie möchten ihre zweibeinigen Spielkameraden gerne festhalten, natürlich ohne dabei zu bedenken, dass diese kein dickes Fell haben und ihre Haut ungeschützt den spitzen Hunde(-milch-)Zähnen ausgesetzt ist. Andererseits müssen allzu grobe Rabauken auf beiden Seiten lernen, umsichtig zu spielen, ohne dem Kumpel wehzutun. Auch dem übermütigen Hund sollten Grenzen gesetzt werden. Notfalls müssen die Erwachsenen eingreifen und dem Hund klarmachen, wann es reicht. Das ist nur natürlich und wird auch von Hundeeltern

*Beim wilden Spiel kann es schon einmal zu kleineren Blessuren kommen.*

oder ranghöheren Rudelmitgliedern so gemacht – und zwar mitunter sogar in aller Härte.

Noch ein eigenes Erlebnis: Ein kinderloses Ehepaar, um die 50 Jahre alt, war mit seinem Rauhhaardackel auf demselben Grillfest eingeladen wie wir mit unserer damals gerade zweijährigen Tochter. Der Dackel wollte dringend mit dem Kind spielen und umgekehrt. Daraufhin geriet die Besitzerin des Hundes fast in Panik und rief ständig, dass ihr Hund absolut kinderfeindlich wäre und gleich beißen würde. Der Hund wurde angeleint. Und sobald unsere Tochter, die nach wie vor ziemlich interessiert an dem putzigen kleinen Kerl war, ihm näher kam, wurde er zurückgerissen, und die Halterin bat ihren Mann immer dringender, doch endlich den Hund nach Hause zu bringen, „bevor noch was passiert".

> Notfalls müssen die Erwachsenen eingreifen und dem Hund klarmachen, wann es reicht. Das ist nur natürlich und wird auch von Hundeeltern oder ranghöheren Rudelmitgliedern so gemacht – und zwar mitunter sogar in aller Härte.

Natürlich wollten wir nicht, dass unser Töchterchen gebissen wird, und so haben auch wir unter diesen Umständen versucht, Hund und Kind voneinander fernzuhalten, was irgendwie schwierig war. Der Hund brachte Charlotte schließlich sogar sein Spielzeug, eine Plastikflasche. Daraufhin wurde sein Frauchen endgültig hysterisch und schrie: „Tut den Hund weg. Der beißt das Kind, wenn es nach seiner Flasche greift."

Nach anfänglicher Unsicherheit – wer will schon, dass das eigene Kind gebissen wird? – beobachtete ich die Körpersprache des Dackels genau und interpretierte sein Verhalten ganz anders als dessen Besitzer. Er war völlig entspannt, wedelte ständig mit dem Schwanz, brachte unermüdlich immer wieder seine Flasche und wollte ganz offensichtlich nichts als spielen. Das war so eindeutig, dass ich schließlich darum bat, ihn endlich von der Leine zu lassen und die beiden in Ruhe miteinander spielen zu lassen, ohne ständig hysterisch dazwischenzugehen. Und es klappte wunderbar! Charlotte warf die Flasche. Der Hund brachte sie, damit sie sie ihm wieder abnehmen und neu werfen konnte. Er folgte ihr begeistert auf Schritt und Tritt und hing ihr den Rest des Abends – spielerisch, aber im wahrsten Sinne des Wortes – am Rockzipfel. Des Dackels Besitzer kamen aus dem Staunen nicht heraus und lernten ihren Hund von einer ganz neuen Seite kennen: Der offensichtlich verspielte Hund war viel älter, als er wirkte, nämlich gut zehn Jahre und genau solange hielten ihn seine Menschen für kinderfeindlich und bissig und deshalb von Kindern fern. Als er ein Welpe war, hatten sie gerade das spielerische Zugreifen mit den Zähnen für Beißen gehalten und ihre Meinung zehn Jahre lang nicht geändert. Dieser Hund war der dritte oder vierte Dackel des Ehepaares in Folge – auch seine Vorgänger sollen nicht kinderfreundlich gewesen sein ...

### Ein schwerer Fall?

Welpen und junge Hunde sind eigentlich fast immer kinderfreundlich. Erst im Erwachsenenalter entwickelt ein Hund Kindern gegenüber manchmal Misstrauen oder echte Abneigung. Für eine ausgesprochene Kinderfeindlichkeit kann es eigentlich nur zwei Ursachen geben:

1. Der Hund hat in seinen ersten Lebenswochen und Monaten niemals Kontakt zu Kindern gehabt. Er kennt sie nicht; sie sind ihm fremd und unheimlich. Ihre hektischen Bewegungen und schrillen lauten Stimmen machen ihm Angst.

2. Der Hund hat schlechte Erfahrungen mit Kindern gemacht, weil er von ihnen geärgert oder gar gequält wurde.

In beiden Fällen ist jedoch Hopfen und Malz noch nicht verloren. Es gibt einige pfiffige Tricks, wie man selbst schlechte Erfahrungen eines Hundes (oder auch einer Katze) noch neutralisieren kann. Allerdings müssen die Kinder, die Ihnen beim „Training" helfen, vernünftig und mindestens im Kindergartenalter sein und die Hunde dürfen nicht wirklich bissig, gefährlich oder aggressiv sein.

> Welpen und junge Hunde sind eigentlich fast immer kinderfreundlich. Erst im Erwachsenenalter entwickelt ein Hund Kindern gegenüber manchmal Misstrauen oder echte Abneigung.

**Training für den Hund**

1. „Besorgen" Sie sich schon während der Schwangerschaft nette, hundeerfahrene Kinder und lassen Sie sie mit Ihrem Hund zusammentreffen, etwa bei gemeinsamen Spaziergängen. Unternehmen Sie etwas, woran der Hund Freude hat. So kann er das positive Erlebnis mit der Anwesenheit der Kinder verbinden, ein erster Schritt!
2. Lassen Sie Kinder in Ihrem Haus oder Garten spielen. Die sollen den Hund dort jedoch zunächst ignorieren und sich eher wie Erwachsene benehmen, ruhig und reserviert, damit das Tier auch die kleinen Menschen tolerieren kann und als angenehme Zeitgenossen kennen lernt.
3. Lassen Sie ein Kind dem Hund das Futter servieren. Auch mit ein paar Leckerlis dürfen Kinder den Hund verwöhnen. Liebe geht eben auch bei ihm durch den Magen. Und wieder wird er das positive Erlebnis mit den Kindern verknüpfen!
4. Schritt für Schritt können Sie jetzt weitergehen, beispielsweise können Sie ein Kind mit dem Hund allein spazieren gehen lassen. Als nächstes kann es versuchen, ihn zum gemeinsamen Spiel zu animieren.
5. Falls Sie beobachten, dass der Hund sich zu freuen beginnt, wenn die langsam vertrauten Kinder ihn besuchen, können diese nun auch schon einmal dezent probieren, ihn zu kraulen und zu umarmen – ein wichtiger Schritt zum Happy End.

**Wenn die Katze kratzt**

Wie beim Hund gilt es zu unterscheiden: Hat die Katze gefaucht, gekratzt oder gebissen, weil sie geärgert oder gar gequält wurde, oder ist sie ohne Grund unfreundlich oder gar aggressiv? Auf die Unart einiger Stubentiger, die Krallen einfach aus Übermut und Spaß an der Freude oder Unerfahrenheit zu benutzen, bin ich schon eingegangen (*vgl. Seite 68*). Zeigt sich eine Katze jedoch ausgesprochen kratzbürstig, weil sie sich wehren muss, so ist das etwas anderes.

Bei Katzen reicht es nicht, wenn ein Kind lernt, dass es dem Tier nicht wehtun darf. Stärker als bei den meisten Hunden muss bei

*Diese Katze sagt sehr deutlich, dass sie in Ruhe gelassen werden möchte*

einer Katze zusätzlich noch darauf geachtet werden, was das Tier nun gerade möchte oder eben nicht, wozu es Lust hat und wozu eben nicht. Diese Selbständigkeit ist ja nicht zuletzt das, was die Katzen für uns Menschen so faszinierend und interessant macht.

Wir alle wissen, wie schnell die Laune einer Katze ins Gegenteil umschlagen kann und wie empfehlenswert es dann ist, eine streichelnde Hand schnellstens wieder wegzuziehen. Solche Stimmungsschwankungen zu erkennen, ist für ein kleines Kind schon schwieriger, aber nicht unmöglich. Versetzt eine Katze einem Kind einen Schlag mit oder ohne Krallen, weil das Tier am Schwanz gezogen, getreten oder gegen seinen Willen in eine

> Stärker als bei den meisten Hunden muss bei einer Katze zusätzlich noch darauf geachtet werden, was das Tier nun gerade möchte oder eben nicht, wozu es Lust hat und wozu eben nicht.

85

*So zeigt eine Katze, dass sie in Spielstimmung ist.*

Schachtel gezwängt wurde, so ist ihre Reaktion durchaus gerechtfertigt und dem Kind zu erklären.

Falls Eltern einmal die Vorgeschichte solch eines Tatzenhiebs nicht mitbekommen haben, lohnt es sich bei Kindern, die schon sprechen können, einmal nachzufragen: „Ja, wieso hat denn die Mieze dir eine gepatscht? Einfach so? Oder hast du ihr vorher wehgetan oder hast du sie geärgert?" Oft kommt dann eine Antwort wie: „Nein ich hab gar nichts gemacht. Nur so ein bisschen den Schwanz festgehalten ..."

**Erklären Sie dem Kind, dass eine Katze, selbst eine ganz kinderliebe, nicht immer Lust zum Spielen hat und dass man sich danach zu richten hat.**

Je jünger die Kinder sind, desto größer ist die Wahrscheinlichkeit, dass sie in ihrer Unschuld noch wahrheitsgetreu antworten. Schimpfen Sie daher nicht zu sehr mit dem Kind, vor allem dann nicht, wenn so etwas zum ersten Mal geschieht oder noch nicht oft passiert ist. Auf jeden Fall muss das Kind lernen, dass es Konsequenzen hat, wenn es ein Tier ärgert oder quält, und dass die Erwachsenen in einem solchen Fall durchaus auf der Seite des Tiers stehen, selbst wenn die wehrhafte Attacke des Haustigers deutliche Spuren hinterlassen hat.

Erklären Sie dem Kind die Körpersprache des Tiers, warum es sich so und nicht anders verhält: Ohrenanlegen bedeutet üble Laune, Fauchen ist eine deutliche Drohung, die man nicht ignorieren darf. Und Schwanzwedeln ist bei der Katze – ganz anders als beim Hund – ein eindeutiger Hinweis auf ausgesprochenes Unbehagen, das sich jeden Moment in einer entsprechenden Attacke entladen kann. Erklären Sie dem Kind, dass eine Katze, selbst eine ganz kinderliebe, nicht immer Lust zum Spielen hat und dass man sich danach zu richten hat. Basta.

Der Ausgewogenheit wegen muss aber auch das Kind sicher sein können, dass die Katze gemaßregelt wird, wenn sie zu frech ist. Das klingt vielleicht dramatischer, als es tatsächlich werden wird, denn die meisten Katzen sind besser als ihr kapriziöser Ruf und spielen gerne mit Kindern.

# Wenn ein Tier kommt und das Kind zuerst da war

Wie bereits erwähnt, werden vor allem kleine Kinder von Erwachsenen häufig unterschätzt. Doch schon die Kleinsten verstehen mehr, als viele denken. Schon, weil sie es schade finden, wenn ein Tier gleich wieder fortläuft, werden sie den Erwachsenen mit Begeisterung abgucken, wie man mit Tieren richtig umgeht, so dass beide Freude daran haben.

Auch Konrad Lorenz war überzeugt davon, dass bereits ganz kleine Kinder wunderbar lernen können, mit Hunden richtig umzugehen: „[...] gerade darin liegt ein hoher pädagogischer Wert: Da nämlich normal geartete Kinder stets großen Gefallen an der Gesellschaft der Hunde finden und dementsprechend traurig sind, wenn diese vor ihnen davonlaufen, so wird den kleinen Menschen sozusagen von selbst beigebracht, wie sie sich zu verhalten haben, um von den Hunden als wünschenswerte Gesellschafter betrachtet zu werden. Kinder, welche auch nur einigermaßen mit angeborenem Taktgefühl begabt sind, lernen so bereits in zartestem Alter, Rücksicht zu nehmen – gewiss eine wertvolle Erwerbung."

Babys und Kleinkinder lernen vor allem durch Nachahmung, was vieles erleichtert, denn wir brauchen ihnen deshalb nur das Richtige vorzumachen. Zeigen Sie Ihrem Baby, wie man einen Hund streichelt, wie man eine Katze krault. Zeigen Sie es jedoch unermüdlich immer wieder mit Freude und Geduld. Ich habe bei meinen beiden Töchtern beobachten können, dass sie bereits im Alter von ein paar Monaten unsere und fremde Tiere so streicheln konnten, dass es den Vierbeinern äußerst angenehm war. Die Tiere blieben nicht nur

*Babys und Kleinkinder lernen vor allem durch Nachahmung, was vieles erleichtert, denn wir brauchen ihnen deshalb nur das Richtige vorzumachen.*

ruhig sitzen, sie kuschelten sich regelrecht an die Babys, und die Katzen schnurrten sogar.

Ich erinnere mich gut daran, als wir gerade die Wiege meiner Tochter Charlotte gegen das Kinderbett ausgetauscht haben. Sie war damals acht Monate alt und konnte seit kurzer Zeit allein sitzen. Eines Nachmittags wunderte ich mich, warum sie sich nach dem, bei ihr immer sehr kurzen, Mittagsschlaf noch nicht gemeldet hatte. Unruhig geworden schlich ich mich ins Schlafzimmer – und war ziemlich überrascht über das, was ich dort erblickte: Charlotte saß aufrecht in ihrem Bett, den Schnuller noch im Mund und kraulte selbstvergessen und sehr professionell mit beiden Händchen unseren dicken Chefkater Emil genau dort, wo er es gerne hatte, an Hals und Ohren. Er hatte es sich mit großer Selbstverständlichkeit auf ihrem Schoß bequem gemacht und genoss die Liebkosungen offensichtlich sehr.

Ich weiß nicht, wie er von mir unbemerkt ins Zimmer gekommen war, denn ins Kinderschlafzimmer durften unsere Katzen damals eigentlich nicht, zumindest nicht, wenn das Baby darin allein schlief. Denn man hört ja immer wieder von Fällen, in denen Säuglinge erstickt sind, weil sich ihnen eine Katze aufs Gesicht gelegt hatte. Aber das betrifft natürlich eher jüngere Babys. Ich war belustigt und gerührt, verjagte den Kater nicht, sondern holte den Fotoapparat – denn historische Momente sollte man dokumentieren.

Meine zweite Tochter Amelie war noch jünger, nämlich gerade ein halbes Jahr alt, als sie schon sitzen und unsere kleine Katze Paquita so perfekt kraulen konnte, dass das verschmuste Tier ständig die Nähe des Babys suchte und sich laut schnurrend an Amelie schmiegte. Zweitgeborene machen ja oft vieles ein wenig früher als das erste Kind.

Ein beliebtes Ritual wurde für Paquita das Wickeln: Sobald ich mich mit Amelie auf dem Arm der Wickelkommode näherte, sprang Paquita mit einem Satz hinzu, um dem Baby bei der Prozedur Gesellschaft zu leisten. Ich merkte bald, dass das eine echte Erleichterung war, weil Amelie so Unterhaltung und Ablenkung hatte und mit ihren entdeckungsfreudigen Händchen keinen Unfug anrichtete, sondern zufrieden die Katze kraulte. Damals wollte es der Zufall, dass eine Kollegin vom WDR für einen Film eine Szene mit einem möglichst kleinen Kind in enger Vertrautheit mit einem Haustier drehen wollte. Wie erstaunt war das Fernsehteam darüber, dass die Aufnahmen bei uns sogar mit einem Baby im Alter von sechs Monaten gemacht werden konnten!

Es ist also durchaus möglich, dass sich bereits ein Kind, das noch kein Jahr alt ist, einem vierbeinigen Freund und Familienmitglied gegenüber liebevoll und richtig verhält. Natürlich haben auch meine Töchter mitunter ausprobieren wollen, ob man eine Katze am Schwanz festhalten kann, aber so, wie Kleinkinder auch Gleichaltrigen oder Erwachsenen gegenüber testen möchten, was man so alles mit ihnen machen kann. Doch war dann sofort meine Empörung so stark, dass es jeweils ein Einzelfall blieb. Ein Baby oder Kleinkind kann schon früh begreifen, dass es mehr davon hat, wenn es lieb zu den Haustieren ist, dass dann umgekehrt auch der Vierbeiner Freude an ihm hat und Vertrauen aufbaut: Vertrauen auf Gegenseitigkeit.

> Ein Baby oder Kleinkind kann schon früh begreifen, dass es mehr davon hat, wenn es lieb zu den Haustieren ist, dass dann umgekehrt auch der Vierbeiner Freude an ihm hat und Vertrauen aufbaut: Vertrauen auf Gegenseitigkeit.

„Meine Kinder waren schon lange vor der Vollendung ihres ersten Lebensjahres so vollkommen mit Hunden vertraut, dass wohl nie eins auf den Gedanken gekommen ist, das Tier könnte ihm etwas zuleide tun" – so hat Konrad Lorenz beobachtet.

## Damit Tier und Kind zusammenpassen

Nicht alle Vögel oder Vierbeiner eignen sich als Spielkameraden für Kinder, sondern aus guten Gründen eigentlich nur Hund und Katze. Im Interesse der Kinder wie auch der Tiere sollte man sich vor der Entscheidung für ein Haustier die Vorzüge und Eigenarten der verschiedenen Tierarten klar machen.

*Oft eignen sich große Hunde besser für Kinder, weil sie in der Regel souveräner und geduldiger im Umgang sind.*

## Hunde auf Platz 1 – Katzen auf Platz 2

Auch der große Hundekenner Konrad Lorenz sah im Hund den geeignetsten vierbeinigen Freund und ließ seine eigenen Kinder ganz selbstverständlich gemeinsam mit Hunden groß werden: „Meine Kinder hingegen sind in engster Kameradschaft mit Hunden aufgewachsen. Ich sehe noch die winzigen Menschen auf allen Vieren unter den Bäuchen der großen Schäferhunde – wir hatten damals fünf – zum Entsetzen meiner armen Mama herumkrabbeln. Als mein Sohn laufen lernte, pflegte er sich gern an Titos langem Schwanz anzuhalten, wollte er von der vierbeinigen zur zweibeinigen Lokomotion übergehen. Tito hielt dann zwar mit Duldermiene still, sowie aber das Bübchen aufrecht stand und ihren schwergeprüften Schwanz losließ, wedelte sie erleichtert so heftig, dass ihre üppige Rute den kleinen Mann derart nachdrücklich auf den Rücken oder vor den Bauch schlug, dass er wie vom Blitz getroffen wieder zusammenbrach."

Und auch Eberhard Trumler, einer der bekanntesten Lorenz-Schüler und gleichfalls ein bedeutender Verhaltensforscher und Kynologe, ließ seine Kinder eng zusammen mit Hunden aufwachsen. In einem seiner Klassiker mit dem Titel „Hunde ernst genommen" beschreibt der Dingo-Liebhaber seine vier- und zweibeinig gemischte familiäre Situation:

„Ich [...] habe sieben Kinder, die alle unter Hunden (ganz wörtlich) aufgewachsen sind. Sieben Kinder, die nur dann einen Arzt gebraucht haben, wenn der Riss der Kopfschwarte zu lang war, um durch das liebevolle Belecken durch eine Hundezunge allein wieder zuzuheilen. [...] Sie wachsen unter Hunden auf, und diese dreckigen Hunde sind ihre besten Freunde. So gute Freunde, wie es nur Hunde sein können. Arme Kinder, die nicht mit einem Hund im Bett schlafen dürfen!"

Sehr beeindruckend, wie wenige hygienische Bedenken und Furcht vor Gefahren diese beiden bedeutenden Wissenschaftler und Hundekenner gegenüber dem Zusammenleben von Kindern und Hunden hatten. Wie selbstverständlich ließen sie die eigenen Kinder in enger Gemeinschaft mit den Tieren aufwachsen!

> Mit keinem anderen Tier können wir so wunderbar und intensiv, ja so erfolgreich kommunizieren wie mit dem Hund, der ja auch nicht ohne Grund als des Menschen bester und ältester Freund unter den Tieren bezeichnet wird.

Mit keinem anderen Tier können wir so wunderbar und intensiv, ja so erfolgreich kommunizieren wie mit dem Hund, der ja auch nicht ohne Grund als des Menschen bester und ältester Freund unter den Tieren bezeichnet wird. Kein anderes Tier nimmt so engen Kontakt mit dem Menschen auf. Im Unterschied zur Katze ist der Hund darüber hinaus in seinem Verhalten und seiner Körpersprache für den (kleinen) Menschen leichter zu durchschauen. Einem Hund kann im Idealfall selbst ein Kind ansehen, wie es ihm geht, was er fühlt und vielleicht

94

sogar, was er im nächsten Moment zu tun gedenkt. Missverständnisse sind daher zwischen Kind und Hund mit Sicherheit seltener, als zwischen Kind und (allen) anderen Tieren.

Auch aus der Sicht der Kinder wie der Tiere (und des Tierschutzes) spricht alles für einen Hund im eigenen Heim, weil kein anderes Tier so intensiv mit uns Menschen kommunizieren und das Leben teilen kann. Ein Hund kann Kinder zum Spielen begleiten, ja meistens sogar mitspielen – und ganz nebenbei passt er auch noch ein bisschen auf sie auf.

Im Gegensatz zur landläufigen Auffassung sind gerade große Hunde oft die besseren Kinderbegleiter als die kleineren Rassen und Mischungen. Große Hunde(rassen) erschrecken sich nicht so leicht wie ihre kleineren Artgenossen – sie sehen die Welt ja auch aus einer viel angenehmeren Perspektive. Große Hunde sind häufig ausgesprochen souverän, friedfertig und gemütlich. Oft sind sie Hütehunde, die gerne auch den Menschennachwuchs im Auge behalten oder gar zusammentreiben. Bei meinem früheren Schäferhund Mikis hätte kein Kind unbemerkt ins Gebüsch oder Wasser verschwinden können, und das, obwohl ich damals noch gar keine eigenen Kinder hatte. Profis wie Berner Sennenhunde und besonders Border Collies und ihre Mischungen können in ihrem Hüteeifer sogar ein wenig lästig werden, nämlich dann, wenn sie die Kinder in die Fersen zwacken, damit sie sich gefälligst dahin begeben, wo der Hund sie haben möchte, in der Regel bei der Rudelmehrheit, also wahrscheinlich den Eltern.

Durch ihre Körpermasse sind große Hunde in der Regel auch nicht so schmerzempfindlich, falls einmal ein Kind über sie stolpern sollte. Das sieht die Münchner Redakteurin und Hundekennerin Uschi Birr genauso und schreibt dazu in dem Buch „Erfolgreiche Hundeerziehung": „Die großen, schweren Rassen sind wesentlich toleranter als die kleinen, […]" und „[…] sensible nervige Hunde (wie Terrier, Jagd- und Windhunde) reagieren meist extrem auf Kinder, wobei das sowohl positiv als auch negativ sein kann."

> Im Gegensatz zur landläufigen Auffassung sind gerade große Hunde oft die besseren Kinderbegleiter als die kleineren Rassen und Mischungen.

*Katzen inspirieren Kinder zu den schönsten Spielen.*

Auch Konrad Lorenz hatte wohl entsprechende Erfahrungen gemacht, denn er sorgte sich beim Zusammenleben von Kind und Hund – wie bereits erwähnt – eher um letzteren und fürchtete, dass sich gerade die großen Vierbeiner mitunter viel gefallen lassen:
„Besonders bei sehr großen und gutmütigen Hunden, etwa bei Bernhardinern oder Neufundländern, muss man in dieser Beziehung einige Vorsicht walten lassen. Im Allgemeinen aber verstehen es die Hunde sehr gut, sich einer allzu lästigen und quälenden Aufmerksamkeit der Kinder erfolgreich zu entziehen."

Nun kommt ein ganz entscheidender Punkt: Hunde sind nicht nur deshalb die mit großem Abstand für Kinder empfehlenswertesten Tiere, weil Kinder mit Hunden, gefolgt von Katzen, einfach am meisten anfangen können. Hund und Katze sind vor allem deshalb so geeignet, weil sie Möglichkeiten haben, sich dem Zugriff eines Kinds bei Bedarf zu entziehen. Sie können weglaufen, sie können sich wehren und verteidigen. Dies ist ein riesiger Vorteil gegenüber den bedauernswerten Klein- und Käfigtieren, die kleinen Grobianen oft hilflos ausgeliefert sind.

Hunde und Katzen können dagegen echte Lebenspartner werden, mit denen man sich auseinandersetzen kann. Katzen sind oft sehr verspielt und inspirieren Kinder ab dem Kindergartenalter zu den tollsten Basteleien: Bällchen am Band, Federn an der Schnur, alles wunderbar geeignet, um damit Fangen zu spielen. Katzen sitzen mit der nötigen Mauseloch-Geduld ausdauernd vor dem Eisenbahntunnel und haben auch ansonsten viele interessante Spielideen, die Kindern Spaß machen. Gartentiger, die auch mit raus dürfen, können Kinder auch auf kleineren Wegen begleiten und mit ihnen – so wie ein Hund – im Freien toben.

**Hund und Katze sind vor allem deshalb für Kinder so geeignet, weil sie Möglichkeiten haben, sich dem Zugriff eines Kinds bei Bedarf zu entziehen.**

Also: Am besten versucht man gar nicht, Kinderwünsche mit – auf den ersten Blick – pflegeleichten Käfigtieren abzuspeisen, sondern sucht gleich im nächsten Tierheim einen (garantiert) kinderfreundlichen Hund oder eine verspielte Katze aus, wenn man ihn oder sie nicht schon hat. Auf die vielfältigen Möglichkeiten, Hunden und Katzen vom Tierschutz ein neues liebevolles Zuhause (für immer!) zu geben, bin ich in mehreren anderen Büchern bereits ausführlich eingegangen (siehe Anhang *Seite 120*).

## Kleintiere sind kein Spielzeug!

Merkwürdigerweise denken die meisten, dass gerade Kleintiere wie Hamster, Zwergkaninchen oder Meerschweinchen, klein und kuschelig, wie sie sind, genau das Richtige für Kinder sind. Aber Tiere dürfen kein Spielzeug sein, sondern sollen als Lebenspartner respektiert werden. Doch ausgerechnet das fällt manchen Kindern schwer, weil Kleintiere sich kaum gegen den Überschwang der kleinen Menschen wehren können. Sie sind daher sehr viel stärker abhängig von Lust und Laune ihrer Besitzer als Hund oder Katze.

Die auf den ersten Blick so pflegeleicht erscheinenden Fische oder Käfigtiere wie Nager und Vögel können aus der Sicht eines Kinds meist nur ein Ersatz für den ersehnten Hund, die Katze oder gar das Pony sein. Zudem sind sie auch noch ein schlechter Ersatz, weil die Kinder auf Dauer wenig mit ihnen anfangen können, so dass sie, meist früher als später, das Interesse an ihnen verlieren. Und selbst wenn sich Kinder oder ihre Eltern noch so liebevoll und intensiv um ihren Schützling kümmern: Ein Käfigtier kann beim Menschen nie ein wirklich artgerechtes Leben führen – auch wenn man natürlich einiges dafür tun kann – mit einer großen Voliere für Vögel oder einem katzensicheren großen Außengehege im Garten für Nager. Doch davon können die meisten Kleintiere nur träumen, denn die traurige Realität sieht anders aus: Millionen erbarmungswürdiger Käfigtiere vegetieren in meist viel zu kleinen Käfigen in Deutschlands Kinderzimmern vor sich hin – stumm, traurig und völlig unbeachtet. Sie können sich nicht wehren, sie können nicht einmal schreien oder jaulen wie es eine Katze, die sich langweilt, oder ein Hund, der sich einsam fühlt, tun würden.

Und irgendwann landen die bedauernswerten Opfer dieser Käfighaltung dann auch noch im Tierheim. Denn dann sind es die Eltern leid, statt der Kinder den Käfig sauber zu machen, obwohl die ursprüngliche Absprache mit dem Kind anders war. Tierschützer erleben das jeden Tag. Auch Dr. Elisabeth Mund kann dafür unzählige Beispiele schildern. Die Tierärztin arbeitet seit Jahren eng mit dem Bonner Tierheim zusammen. Dort hat der Tierschutzverein neben etlichen Meerschweinchen, Hamstern, Chinchillas, Farbratten, Mäusen und Wüstenrennmäusen ständig auch um die 60 Kaninchen zu betreuen. Vom kleinen Zwergkaninchen über den putzigen Widder bis zum ausgewachsenen Stallhasen ist hier alles vertreten, in allen Rassen, Farben und Altersstufen. Die eindeutige Mehrheit dieser „Wegwerftiere" war ursprünglich einmal für Kinder angeschafft worden. Und was das Schlimmste ist: Als sie dann endlich im Tierheim abgegeben wurden, war dies für viele Tiere eine Erlösung, eine

Tiere dürfen kein Spielzeug sein, sondern sollen als Lebenspartner respektiert werden.

*Die Anschaffung eines Kleintiers will sorgfältig überlegt sein, denn oft verlieren die Kinder das Interesse an diesen Tieren.*

letzte Chance, denn durch die Vernachlässigung hatten etliche Nager bereits schlimme Schäden davongetragen, manche davon waren sogar leider unheilbar: Mangelerscheinungen durch schlechte Ernährung, zu wenig Bewegung, kaum frische Luft. Zahlreiche Tiere litten auch unter Verletzungen oder Krankheiten, die ihre Besitzer oft über einen längeren Zeitraum hinweg nicht einmal bemerkt hatten!

Dazu kommt die nach wie vor oft mangelhafte Beratung in vielen Zoogeschäften. Kindern versucht man mitunter gar nicht erst zu erklären, welche Bedürfnisse ihr neuer Pflegling hat. Hauptsache, das Geschäft läuft und die Kasse klingelt. Und wenn ein Tier nicht alt wird, so ist das ja nicht schlimm, umso früher wird vielleicht ein neues gekauft. Modernes Konsumdenken in unserer Wegwerf-Gesellschaft macht leider auch vor Tieren nicht halt.

Damit keine Missverständnisse entstehen: Kleintiere oder Vögel, die Sie bereits haben, sollten Sie auf keinen Fall abgeben, weil ein Kind unterwegs ist, sondern natürlich behalten und ihnen das Leben so angenehm wie möglich machen. Nur vor einer Neuanschaffung eines solchen Tiers **für** die Kinder möchte ich abraten. Wenn es trotzdem unbedingt ein Kleintier für ein Kleinkind sein soll, dann sind folgende Grundregeln unbedingt zu beachten:

### Woher nehmen?

Alle Kleintiere, seien es Vögel oder Nager, können Sie zwar auch in der Zoohandlung oder einer entsprechenden Warenhausabteilung bekommen, doch denken Sie bitte zuerst an die vielen Tiere, die im Tierheim auf ein neues Zuhause warten. In fast allen größeren Tierheimen werden Sie nicht nur fündig, sondern haben sogar eine ausreichende Auswahl. Sollte ausgerechnet das Tierheim nebenan momentan keine Kleintiere zur Vermittlung haben, dann lassen Sie sich dort Telefonnummern anderer Tierheime geben und erkundigen sich vorher telefonisch nach dem aktuellen „Angebot" an Schützlingen. Ein wenig Geduld lohnt sich, denn dann bekommen Sie nicht nur das geeignete und gesundheitlich überprüfte Tier Ihrer Wahl, sondern können einem Tier sogar helfen.

In vielen Zoogeschäften wird man nur mangelhaft beraten. Kindern versucht man mitunter gar nicht erst zu erklären, welche Bedürfnisse ihr neuer Pflegling hat.

Auch Tierheime geben ihre Schützlinge nicht umsonst ab, sondern erwarten eine Vermittlungsspende. Trotzdem müssen Sie für ein geimpftes Tier aus dem Tierheim weniger bezahlen als im Zoogeschäft – ein nicht unwichtiger Aspekt bei der Tieranschaffung. Außerdem schließen Sie einen Schutzvertrag ab, in dem Sie sich verpflichten, das Tier gut zu behandeln, optimal unterzubringen und zu pflegen und keinesfalls auf eigene Faust weiterzuvermitteln, falls Sie es eines Tags nicht mehr behalten können oder wollen. Alle Vertragsbedingungen sind eigentlich Selbstverständlichkeiten und dienen dem Schutz und Wohl des Tiers und werden in der Regel von Tierschutzmitarbeitern (oft unangemeldet) kontrolliert.

## Wie halten?

Auch Kleintiere machen Arbeit, brauchen Impfungen und gutes Futter und verursachen Kosten. Um sie auch nur annähernd artgerecht zu halten, brauchen Sie abwechslungsreich gestaltete

*Für ein Kaninchen ist die Haltung in einem großen ein- und ausbruchsicheren Gehege – im Sommer am besten im Freien – optimal.*

Volieren und Freigehege. Zumindest die Sommermonate sollten sie in einem – der Katzen, Füchse und Greifvögel wegen – überdachten und einbruchsicheren Außenauslauf verbringen dürfen. „Winterharte", d. h. auch an kältere Temperaturen gewöhnte

Nager, wie Kaninchen mit entsprechendem (Winter-)Fell können auch ganzjährig im Freien gehalten werden.

Tiere, die in einem, hoffentlich sehr großen, Käfig in der Wohnung gehalten werden, müssen mindestens einmal am Tag für ein paar Stunden Freilauf in den vier Wänden genießen dürfen, aber bitte unter Aufsicht. Denn Nager wollen nun einmal nagen und können dabei nicht nur viel kaputt machen, sondern außerdem sich selbst und andere gefährden, zum Beispiel, wenn sie ein Stromkabel anknabbern.

> Veranlassen Sie Ihre Kinder, ihren Tieren so viel Freiheit wie möglich zu geben, auch wenn das mehr Arbeit und Zeitaufwand bedeutet.

In vielen, vor allem in größeren Tierheimen werden Kleintiere, hauptsächlich Kaninchen und Meerschweinchen, geradezu vorbildlich gehalten: in großen Gehegen mit Tunneln, Buddel- und Spielmöglichkeiten. Das kann ein Privathaushalt natürlich nur selten bieten. Andererseits sollen sich die Tiere nach einer Vermittlung in ein neues Zuhause natürlich nicht verschlechtern. Veranlassen Sie Ihre Kinder, ihren Tieren also wenigstens so viel Freiheit wie möglich zu geben, auch wenn das mehr Arbeit und Zeitaufwand bedeutet. Für Vögel und Streifenhörnchen können die Volieren gar nicht groß genug sein, und auch ihnen sollte man ein Sommer- und ein Winterquartier anbieten können.

### Tiere sind lebendige Wesen

Haustiere sollen die Freunde unserer Kinder sein und umgekehrt. Sie sind Kameraden und kein Spielzeug. Tiere sind lebendige Wesen, deren Bedürfnisse Kinder erkennen und akzeptieren müssen. Sie brauchen Aufmerksamkeit, Pflege und Liebe. Unsensible Kinder, ohne das notwendige Gefühl sollten lieber zunächst einmal ein robustes Plüschtier geschenkt bekommen als ein lebendiges Tier. Einige Kinder sind damit sogar ganz zufrieden, denn so ein Stofftier hat ja auch seine Vorzüge: Es lässt sich geduldigst den ganzen Tag herumschleppen und knuddeln. Man kann damit machen, was man will, und es macht keine Arbeit, wenn man keine Lust dazu hat. Ganz schlimm ist hingegen, was mitunter mit Kleintieren geschieht. Natürlich dürfen Kinder Vögel und Nagetiere nicht in Voliere oder Käfig herumscheuchen oder gar in irgendwelche Behältnisse einsperren. Unterbinden Sie so etwas sofort und nachdrücklich, wenn Sie es bemerken.

Ein zunächst für die Tierhaltung oder ein Leben mit Tieren scheinbar untalentiertes Kind kann sich mit fortgeschrittenem Alter entwickeln und dann doch noch ein eigenes Tier bekommen. Aber bitte wirklich erst, wenn es die notwendige Reife hat und genügend Wissen aufnehmen kann, um mit einem Tier liebe- und respektvoll umzugehen!

### Was müssen Kinder beachten?

Ein entscheidender Nachteil von Kleintieren wie Nagern und Vögeln ist, dass sie sich Kindern gegenüber kaum wehren können. Käfigtiere können sich zudem nicht einmal verstecken oder zurückziehen. Sie sind den Kindern und deren Launen völlig preisgegeben und werden leider oft in deren Händen lange nicht so alt, wie es ihrer natürlichen Lebenserwartung entspricht. Eltern haben daher die große Verantwortung, darauf zu achten, dass ihr Nachwuchs gut mit den Tieren umgeht, sie weder ärgert noch quält und ihnen darüber hinaus auch noch die notwendige Ruhe lässt. Vor allem Kleintiere dürfen also nur für rücksichtsvolle und einsichtige Kinder mit einer gewissen Reife angeschafft werden. Für grobschlächtige Rabauken ist dagegen das bereits erwähnte Plüschtier das Richtige. Besonders gefährlich und verabscheuenswert sind viele Requisiten des Zoohandels, Spielsachen nicht etwa für die Tiere, sondern allerlei Schnickschnack für die Kinder, mit denen sie „noch besser" mit ihren Vögeln oder Nagern spielen können. Vor allem für die sowieso meist schon höchst bedauernswerten Hamster in Kinderhand gibt es verschiedene Produkte wie Kugeln, Röhren-Labyrinthe, Zirkuswagen und andere wahre Folterinstrumente, fast immer aus Plastik, in die die Kinder die

> Gerade Kleintiere dürfen nur für rücksichtsvolle und einsichtige Kinder mit einer gewissen Reife angeschafft werden.

103

Tiere hineinstecken können. Dort hat sich schon mancher Liebling ein Beinchen geklemmt oder gar den Tod durch Ersticken gefunden.

Die Wiesbadener Tierschutzbeauftragte der hessischen Landesregierung, die Tierärztin Dr. Madeleine Martin, hat diesen tierquälerischen Produkten bereits den Kampf angesagt. Inzwischen haben auch etliche verantwortungsvollere Zoohändler reagiert, diesen Unfug aus dem Sortiment genommen und warnen stattdessen vor den Gefahren.

## Hamster

Goldhamster sind ursprünglich syrische Wüstentiere. Entsprechend groß ist ihr Buddelbedürfnis, das in den handelsüblichen lächerlich kleinen Käfigen natürlich nicht einmal annähernd zu befriedigen ist. Also muss man ein großes mit Sand oder Einstreu gefülltes Terrarium einrichten, in dem der kleine Nager seine Gänge und Höhlen graben kann. Dann fühlt sich zwar der Hamster ganz wohl, aber dafür sieht man ihn kaum noch, was sicher andererseits den Kindern nicht gefällt.

Außerdem sind Hamster für kleine Kinder schon deshalb völlig ungeeignet, weil sie nachtaktiv sind. Das geben verantwortungsvolle Zoohändler selbst zu bedenken. Tagsüber, wenn sich ein Kind mit ihm beschäftigen möchte, braucht der Hamster seine Ruhe und will schlafen. Nur ältere Kinder können auf diese Weise lernen, auf die Bedürfnisse eines Tiers Rücksicht zu nehmen, selbst wenn das ihren eigenen Interessen entgegensteht. Kleine Kinder sind sicher enttäuscht über einen ewig schlafenden Spielkameraden und werden ihn im schlimmsten Fall wecken. Aber Stress und Schlafentzug verringern die ohnehin schon geringe Lebenserwartung der Hamster noch zusätzlich.

Und damit ergibt sich auch schon das nächste Problem: Die possierlichen Kerlchen leben nur etwa zweieinhalb Jahre. Die große Trauer über das verlorene Tier führt dann verständlicherweise oft dazu, dass dem Kind zum Trost ein neuer Hamster

geschenkt wird, der dann wiederum innerhalb der nächsten
zwei bis drei Jahre sterben wird. Entweder ist ein Kind dann
jedesmal totunglücklich und trauert – oder es gewöhnt sich
daran, dass ein Tier eben nur ziemlich kurz lebt und sich stets
und leicht ersetzen lässt. So ein neuer Hamster kostet ja auch –
leider – nur ein paar Mark. Beide Reaktionen sind ja wohl alles
andere als erstrebenswert!

Die geringe Lebenserwartung von Hamstern, Mäusen und Farbratten kann bei älteren Kindern unter Umständen aber auch ein
Vorteil sein: Jugendliche im Alter von 15 bis 17 Jahren, die

*Hamster sind für Kinder weniger geeignet,*
*weil sie nachtaktiv sind.*

unbedingt noch solch ein kleines Haustier möchten, aber in zwei bis drei Jahren wahrscheinlich einfach andere Interessen haben werden, brauchen dann kein Haustier ins Tierheim zu bringen oder sonst wie loszuwerden, weil sich das „Problem" auf natürliche Weise gelöst haben wird.

Stellen größere Kinder bald fest, dass so ein Kleintier im Käfig oder Gehege doch nicht das Richtige für sie ist, brauchen sie einen Hamster nicht so lange zu versorgen wie ein Kaninchen oder Meerschweinchen, können ihn aber trotzdem so lange behalten, bis er stirbt – was das Tier als Hausgenosse ja auch verdient hat.

### Ratten und Mäuse

Wie Hamster so werden auch Ratten und Mäuse leider nur zwei bis drei Jahre alt und auch ihre Ansprüche sind, was Haltung und Pflege angeht, ähnlich. Ratten und Mäuse sind allerdings tagaktiv, und sie sind Gruppentiere, so dass sie unbedingt Artgenossen brauchen. Da sie sich aber äußerst schnell und zahlreich vermehren, muss man sie rechtzeitig nach Geschlechtern trennen, um nicht von einer Kolonie übervölkert zu werden.

*Ratten werden als Hausgenossen immer beliebter.*

Ratten werden immer beliebter als Hausgenossen; anscheinend haben immer weniger Menschen Vorbehalte, die in Bezug auf Farbratten ja auch unbegründet sind. Eine solche Ratte unterscheidet sich von anderen Nagern höchstens durch ihre überlegene Intelligenz. Farbratten haben nichts mit den wilden Ratten zu tun, die in Abwasserkanälen und auf Müllhalden leben und Krankheitsüberträger sind.

Die wärmeliebende zoologische Hausratte, die einst Keller, Häuser und Schiffe bewohnte, gilt allerdings zumindest bei uns in Deutschland seit den 60er Jahren als ausgestorben. Als Haustier dienen heute Zuchtratten, so genannte Labor- oder Farbratten, die sich von ihren Hausrattenvorfahren etwa so unterscheiden wie der Hund vom Wolf. Mir persönlich gefällt übrigens der Name „Farbratte" besser, da der Begriff „Laborratte" den Eindruck erweckt, als wären die kleinen Nager tatsächlich zu nichts anderem zu gebrauchen als für Tierversuche, wofür sie ja auch Jahr für Jahr millionenfach ihr Leben lassen müssen.

Farbratten sind hübsche, meist weiße oder zweifarbige Nager mit glänzenden Knopfaugen und putzigem Schnäuzchen, also durchaus appetitliche Kleintiere. Sie sind zahm, sogar ausgesprochen zutraulich und hochintelligent, was wissenschaftlich unbestritten ist. Für ältere Kinder sind sie auf jeden Fall besser geeignet als ein Hamster.

> Ratten werden immer beliebter als Hausgenossen; anscheinend haben immer weniger Menschen Vorbehalte, die in Bezug auf Farbratten ja auch unbegründet sind. Eine Ratte unterscheidet sich als Haustier kaum von anderen Nagern, höchstens durch ihre überlegene Intelligenz.

### Meerschweinchen

Wissenschaftliche Verhaltensstudien haben gezeigt, dass Meerschweinchen äußerst intelligent und lernfreudig sind. Wenn überhaupt von kindergeeigneten Nagern gesprochen werden kann, dann sind es Meerschweinchen, denn die sind in der Regel sehr friedfertig, so dass man mit ihnen auch einmal schmusen oder spielen kann. Im Gegensatz zum Einzeltier

*Kaninchen und Meerschweinchen lassen sich auch gut zusammen halten.*

Hamster müssen Meerschweinchen mindestens zu zweit gehalten werden.

Meerschweinchen sind unumstritten die Spitzenreiter auf der Beliebtheitsskala der Nagetiere. Ihre Ursprungsheimat sind die südamerikanischen Anden, wo sie von den Indios domestiziert wurden. Allerdings hält man sie dort weniger als Streicheltiere, sondern als Nutztiere, die – wie bei uns die Stallhasen – auch geschlachtet und gegessen werden.

Wer ein Männchen mit einem Weibchen oder einem anderen Männchen kombinieren möchte, sollte ein Tier kastrieren lassen. Erstens damit sich kein unerwünschter Nachwuchs einstellt, denn in unseren Tierheimen sitzen bereits genug Meerschweinchen, die ein neues Zuhause

> Im Gegensatz zum Einzeltier Hamster müssen Meerschweinchen mindestens zu zweit gehalten werden. Meerschweinchen sind unumstritten die Spitzenreiter auf der Beliebtheitsskala der Nagetiere.

suchen, und zweitens weil sich zwei Männchen nur dann vertragen, wenn eines davon kastriert worden ist.

Auch eine Kombination von Meerschweinchen und (Zwerg-) Kaninchen ist eine gute Lösung. So haben Sie zwei Tiere, die sich vertragen, aber keine Nachkommen bekommen. Meerschweinchen können, genau wie (Zwerg-)Kaninchen und Streifenhörnchen, bei guter Pflege um die zehn Jahre alt werden.

## Kaninchen

Kaninchen sind in der Regel nicht so verträglich und oft auch nicht so zutraulich wie Meerschweinchen. Vor allem Kindern gegenüber sind sie mitunter weniger friedlich. Unter ihnen gibt es häufig aggressive Tiere, die sich nicht anfassen lassen wollen und sogar bissig reagieren. Auf jeden Fall dürfen die geselligen Nager, genau wie die Meerschweinchen auch, nicht alleine gehalten werden. Kein noch so eifriger Tierhalter kann dem putzigen Nager einen Artgenossen ersetzen, allenfalls ein Meerschweinchen.

*Auf jeden Fall dürfen die geselligen Nager, genau wie die Meerschweinchen auch, nicht alleine gehalten werden. Kein noch so eifriger Tierhalter kann dem putzigen Nager einen Artgenossen ersetzen.*

Ganz übel ist es natürlich, Kindern lebendige „Hasen" statt Schokoladen- oder Plüschhasen zu Ostern zu schenken. Nach wie vor klagen die Tierschutzvereine über die Flut niedlicher Widderkaninchen oder Langohren, die dann alljährlich pünktlich zur Urlaubszeit abgegeben oder gar ausgesetzt werden oder mitunter sogar schon kurz nach Ostern im Tierheim sitzen. So ist es nicht verwunderlich, dass die meisten Nager im Tierheim Kaninchen sind.

Übrigens: Auch wenn zuweilen vom „Stallhasen" oder „Zwerghasen" gesprochen wird, sind natürlich immer Kaninchen gemeint. Ihre nahen Verwandten, die echten Hasen wie unser einheimischer, in seinem Bestand gefährdeter Feldhase, sind immer Wildtiere und dürfen nicht als Haustier gehalten werden.

*Vögel sollten im Schwarm in einer großen Voliere gehalten werden.*

### Vögel – bitte nie allein halten!

Für Kinder ist sicher der Wellensittich der Favorit unter den Vögeln, denn er ist in der Regel zutraulich und macht einen fröhlichen Eindruck – auf den ersten Blick zumindest. Wohl kaum einem anderen Heimtier wird aber so viel Leid angetan wie dem possierlichen intelligenten Sittich.

Alle Papageienarten, zu denen auch die beliebten und weit verbreiteten Wellensittiche gehören, sind äußerst gesellige Vögel, die als Einzeltier gehalten schlichtweg unter Tierquälerei zu leiden haben. Daher sollten Wellensittiche mindestens zu zweit gehalten werden. Selbst wenn sich die Vögel dann nicht ganz so sehr dem Menschen anschließen und ein bisschen weniger zutraulich sind, so muss dies einer möglichst artgerechten Haltung wegen in Kauf genommen werden. Ideal ist natürlich eine Volierenhaltung im Schwarm.

110

Das gilt auch für Kanarienvögel, Zebra- und andere Zierfinken, die gleichfalls am Besten in großen Volieren gehalten werden sollten oder in Haus oder Wohnung mehrere Stunden täglich Freiflug genießen sollten.

Für Kinder, die viel unterwegs sind und im Freien spielen, sind Vögel naturgemäß keine optimalen Gefährten.

# Zwei Gründe, sich von einem Haustier zu trennen

### Allergien

Allergien sind wahrscheinlich das häufigste und praktischste Alibi, ein unbequemes Tier abzugeben. Aber leider ist das nicht in jedem Fall eine Ausrede, denn immer mehr Menschen leiden darunter. Allergien sind auf dem Vormarsch und Kinder sind davon besonders häufig betroffen.

Erwachsene mit einer leichten Allergie gegen Katzen halten manchmal trotzdem welche – oft ohne größere Probleme, vor allem wenn die Katzen „Freigänger" sind und sich nicht den ganzen Tag in der Wohnung aufhalten.

Es ist jedoch ein Unterschied, ob ein Erwachsener bereit ist, bewusst einige Beeinträchtigungen seines Wohlbefindens in Kauf zu nehmen, oder ob man dies einem Baby oder Kleinkind zumutet, das sich noch nicht beschweren und seine allergischen Probleme nicht beschreiben kann.

Sobald sich bei Kindern schwere Allergien gegen die tierischen Hausgenossen zeigen, muss man zur Abgabe des Tiers raten – so schwer es auch fallen mag. Aber bitte treffen Sie solch eine folgenschwere Entscheidung erst, wenn Sie ganz sicher sind, dass die Tiere die Ursache für die Allergie sind. Nicht immer ist das der Fall, und trotzdem werden Haustiere schnell als naheliegende Übeltäter angesehen. Haus- und Kinderärzte können ohne großen Aufwand einen zuverlässigen Allergietest durchführen und genau feststellen, gegen welche Substanzen ein Mensch allergisch ist.

> Wenn sich bei Kindern schwere Allergien gegen die tierischen Hausgenossen zeigen, muss man zur Abgabe des Tiers raten – so schwer es auch fallen mag.

Übrigens reagieren allergische Menschen nicht auf alle Tiere gleich. Selbst wenn jemand nachweisbar eine Katzenallergie hat, kann es sein, dass sich die Symptome beim Zusammentreffen mit der einen Samtpfote stärker zeigen als bei der Begegnung mit einer anderen. So scheinen allergische Reaktionen gegenüber langhaarigen Hunden seltener und weniger ausgeprägt zu sein als gegenüber kurzhaarigen. Manchmal kann sich das Tier durchaus im selben Raum aufhalten, ohne dass es einem Allergiker viel ausmacht.

> Eine Möglichkeit, Allergien von Anfang an vorzubeugen, ist das Stillen des Säuglings: Es hat sich erwiesen, dass Menschen, die als Baby gestillt wurden, seltener an Allergien leiden.

Aber all das hilft nichts, wenn das eigene Kind gegen den eigenen Hund oder die Katze oder das Meerschweinchen allergisch ist. Ziel muss es dann sein, den oder die Vierbeiner gut unterzubringen, vielleicht sogar in der Nähe oder bei Verwandten, so dass man noch Kontakt halten kann. Eine Möglichkeit, Allergien von Anfang an vorzubeugen, ist das Stillen des Säuglings: Es hat sich erwiesen, dass Menschen, die als Baby gestillt wurden, seltener an Allergien leiden. Insbesondere falls die Eltern also bereits eine Neigung zu Allergien zeigen, sollte die Mutter so lange wie möglich stillen, nicht nur wegen etwaiger Allergien, sondern zur grundsätzlichen Stärkung des kindlichen Immunsystems. Es ist von Vorteil, den Säugling mindestens während der ersten sechs bis acht Lebensmonate ausschließlich mit Muttermilch zu ernähren.

**Bissigkeit**
Nur wirklich gefährliche, aggressive und bissige Hunde, vor allem große und starke, sollten – wenn es nicht möglich ist, sie immer unter Aufsicht und auf Distanz zu halten – zugunsten eines Kinds abgeschafft werden. Ein seriöser und erfolgreich arbeitender Tierschutzverein der Umgebung wird bei einer Weitervermittlung behilflich sein oder sie sogar ganz übernehmen, falls sich niemand im Bekanntenkreis oder innerhalb der Verwandtschaft findet.

*Nur wirklich bissige Hunde sollte man zugunsten eines Kindes abschaffen.*

Bei einem extrem alten oder kranken Tier mit nur noch geringer Lebenserwartung sollte man jedoch versuchen, ihm auch die restliche, ihm verbleibende Zeit in seinem vertrauten Zuhause zu ermöglichen. Kind und Hund kann man währenddessen so voneinander fernhalten, dass nichts passiert. Auch wenn das etwas Aufwand und erhöhte Achtsamkeit bedeutet, sollte Ihnen ein langjähriger Lebensgefährte das wert sein. Solange ein Säugling noch die meiste Zeit seines Lebens in seiner Wiege oder in den elterlichen Armen verbringt und noch nicht überall herumkrabbelt, müsste dies ja auch möglich sein.

Sollte ein Hund ab und zu knurren oder auch einmal schnappen, so ist dies, solange es dabei zu keinen nennenswerten Verletzungen seitens des Kinds kommt, noch kein Grund, sich von einem Tier zu trennen.

Eine Abgabe sollte aber auch in anderen Fällen grundsätzlich nicht voreilig geschehen, denn es gibt viele Möglichkeiten, Kinder, auch Kleinkinder, und Hunde oder Katzen aneinander zu gewöhnen (*vgl. Seite 64*). Sollte ein Hund ab und zu knurren oder auch einmal schnappen, so ist dies, solange es dabei zu keinen nennenswerten Verletzungen seitens des Kinds kommt, noch kein Grund, sich von einem Tier zu trennen.

# Keine Gründe für eine Trennung: Zeitmangel und Stress

Zeitmangel oder Überforderung durch die Umstellung auf ein Leben mit Kind darf dagegen eigentlich kein Grund für die Trennung von einem Tier sein. Dazu kommt, dass die Abschaffung eines Haustiers die Probleme der frisch gebackenen Eltern schon deshalb nicht lösen wird, weil der Stress wahrscheinlich gar nicht vom Tier kommt, sondern vom Baby. Das ist nun einmal so. Ein Baby ist zwar das schönste, was es gibt, aber auch mit das anstrengendste. Deshalb gehen ja auch so viele zuvor ausgesprochen glückliche Beziehungen im ersten Baby-Jahr in die Brüche, selbst wenn das Kind jahrelang von beiden Elternteilen sehnlichst herbeigewünscht worden ist. Viele Paare kommen mit der Umstellung nicht so einfach klar, wie sie dachten, gestehen sich das aber nicht ein und machen dann ein Haustier, vor allem, wenn es sich um einen Hund handelt, zum Buhmann. Jetzt ist es auf einmal eine Zumutung, wenn er „Gassi" muss. Jetzt nervt es, wenn beim Spaziergang der unhandliche Kinderwagen geschoben werden muss und sich dabei die Leine in den Rädern verheddert. Ja, das ist Stress! Und so manchen Programmpunkt hätten Sie nicht auch noch zu erledigen, wenn Sie keinen Hund zu versorgen hätten. Aber dafür kann das Tier nichts. Außerdem geht diese erste extreme Stress-Phase vorbei. Dann kommt der Hund einfach nicht ganz so oft raus wie sonst. Manchmal muss er einfach zu Hause bleiben, weil Sie zur U 1, 2, 3 & 4 zum Kinderarzt müssen und Tiere im Wartezimmer einfach nicht gerne gesehen werden. Aber das ist für das vierbeinige Familienmitglied immer noch besser, als ganz abgeschoben zu werden. Und alle Eltern sind sich darin einig: Die ersten drei Jahre sind die anstrengendsten, und davon wiederum ist das erste das schlimmste. Also: Alles ist eine Frage der Zeit! Hier heißt es: Nerven behalten! Ist Ihr Kind erst einmal im Kindergarten, geht schon alles besser, viel besser! Dann können Sie wieder einen richtigen Spaziergang ohne Schleppen und Schieben und dummes Herumstehen machen, oder wie ich, weil's schneller geht, in Hundebegleitung eine schöne Runde mit dem Mountainbike durch den Wald drehen, manchmal direkt vom Kindergarten aus. Also wirklich: Alles wird besser!!! Und heute geht meine siebenjährige Tochter sogar hin und wieder alleine mit einem Hund „Gassi", allerdings immer nur mit einem. Aber immerhin, das ist dann sogar schon eine kleine Entlastung. Handeln Sie also bitte nicht voreilig. Die Abgabe eines Haustiers kann man kaum rückgängig machen und wurde schon von so manchem bereut!

> Alle Eltern sind sich darin einig: Die ersten drei Jahre sind die anstrengendsten, und davon wiederum ist das erste das schlimmste. Also: Alles ist eine Frage der Zeit!

Dass unerfahrene Eltern häufig den Fehler machen, einfach alles auf das Haustier zu schieben, wurde mir bei einer „Tiere suchen ein Zuhause"-Aufzeichnung im Kölner WDR klar, als eine junge Mutter allen Ernstes ihren alten und blinden (!), absolut lieben Jagdhund abgab, weil ihr Kind nun ins Krabbelalter kam. Die Dame kam sogar noch mit ins Studio, so dass ich mit ihr sprechen konnte. Sie hatte den Rüden von Welpenbeinen an! Ob er denn schon einmal geknurrt oder gebissen habe oder sonst wie Eifersucht oder Aggressionen gezeigt hätte, haben die Redakteurin Gina Göss und ich gefragt. „Nein, aber wenn das Kind nun krabbelt, könnten die beiden zusammenstoßen", fürchtete die Mutter. Das ist gerade bei einem vernünftigen älteren und blinden Hund sehr unwahrscheinlich, weil er gewohnt ist, sich achtsam zu bewegen und dabei etwaige Hindernisse einzukalkulieren. Gina Göss, die selbst gerade einen einjährigen Sohn mit Hund und zwei Katzen mit älteren Rechten kombinierte, und ich machten die Frau darauf aufmerksam, dass die Krabbelzeit normalerweise weniger als ein halbes Jahr dauert. Falls ihre Bedenken berechtigt seien, was wir im übrigen bezweifelten, sei es also nur eine Frage der Zeit, bis diese schwierige Phase vorüber wäre. Wie so oft wurde

*Wenn die Kinder erst einmal größer sind, können sie Sie bei der Pflege eines Hundes auch schon mal entlasten und eine Runde Gassi gehen übernehmen.*

uns daraufhin vorgehalten, wir hätten „ja keine Ahnung, wie das mit Kindern ist" und würden immer nur an die Tiere denken. Wie bin ich in solchen Momenten froh, sagen zu können, dass auch ich begeisterte Mutter zweier Kinder bin, aber niemals auch nur mit dem Gedanken gespielt habe, mich deshalb auch nur eines meiner Tiere zu entledigen! Wie auch immer, die Mutter ließ sich nicht erweichen und hat tatsächlich den betagten blinden Hund, der sich natürlich in der Wohnung der Familie seit Jahren gut zurechtgefunden hatte und dort jedes Hindernis kannte, abgeschoben. Ich bin sicher, dass dem Ehepaar damit überhaupt nicht geholfen war. Bestimmt haben sie bald gemerkt, dass es gar nicht der arme alte Hund war, der an ihren Kräften zehrte. Diese Hartherzigkeit ist andererseits bei einer jungen Mutter oder Schwangeren auch wieder erstaunlich, ist man doch in dieser Zeit eher besonders sensibel für schwächere Mitgeschöpfe.

Dies sollte man zumindest annehmen. Bei einer „Herrchen gesucht"-Aufzeichnung im HR traf ich einmal eine junge Frau, die ihr bis dahin heißgeliebtes und verwöhntes zahmes Frettchen abgeben wollte, weil sie nun schwanger war. Ihr Grund: Sie fürchtete, sich nicht um beide, Kind und Tier, ausreichend kümmern zu können. Diese Frau hat gar nicht erst versucht, mit beiden zusammen zu leben – und das kommt leider sehr häufig vor. Von der Vorsitzenden des Gießener Tierschutzvereins, Ilse Toth, musste sie sich deshalb folgende Frage gefallen lassen:

**Ob Kind, Scheidung oder Umzug – Tiere aus reiner Bequemlichkeit abzuschieben, ist schäbig!**

„Ja, und geben Sie dann Ihr erstes Kind auch ab, falls einmal ein zweites kommt?" Für mich ist unverständlich, was in solchen Menschen vorgeht. Wieso halten viele Menschen die Vereinbarung von Kind und Tier für völlig unmöglich? Wo bleibt das Verantwortungsbewusstsein gegenüber dem Tier?!

Wie wenig es manchen Leuten scheinbar ausmacht, einen oft langjährigen vierbeinigen Hausgenossen abzugeben! Bei älteren Tieren sind sie mitunter sogar bereit, sie einschläfern zu lassen, und versuchen, einen Tierarzt zu finden, der bereit ist, ein Tier wegen „Überflüssigkeit" zu töten.

Ob Kind, Scheidung oder Umzug – Tiere aus reiner Bequemlichkeit abzuschieben, ist schäbig!

## Hund und Katz' als Kindersatz

Warum möchten eigentlich so viele Paare wegen einer Schwangerschaft ihr Tier, ihren Hund oder ihre Katze abgeben? Hygienische Gründe – das habe ich weiter vorne im Buch bereits beschrieben – können es nicht sein, diese gibt es nur in Ausnahmefällen. Was also dann?

Viele wollen ihr Tier offenbar schlichtweg nicht mehr haben. Sie brauchen es einfach nicht mehr. Sie stören sich auf einmal an Kleinigkeiten oder Begleiterscheinungen der Tierhaltung, die ihnen früher nicht einmal aufgefallen wären, zum Beispiel Katzenhaare auf dem Teppich oder der Geruch eines regennassen Hundes. Sein vertrautes Bellen empfinden sie nun als absolut unerträglich, denn es könnte ja das schlafende Kind wecken. Letzteres kann zwar wirklich auf die Nerven gehen: Jeder, der Kinder hat, weiß, wie froh die Eltern sind, wenn das Baby endlich schläft. Und wenn ausgerechnet dann der Köter kläfft, kann einen das schon zur Verzweiflung bringen. Aber das ist doch wohl nicht Grund genug, das Tier gleich aus dem Haus zu verbannen!?

Was also ist die wirkliche Ursache? Offenbar haben viele werdende oder frisch gebackene Eltern einfach keine Verwendung mehr für das Tier. Jahrelang hat es als eine Art Kindersatz fungiert, der mit dem echten eigenen Nachwuchs nun überflüssig, ja sogar lästig wird. „Der Mohr hat seine Schuldigkeit getan."

Natürlich leiden gerade die Tiere, die es zuvor sehr gut hatten, besonders unter der Trennung von ihren Menschen und trauern in den Tierheimen extrem.

Natürlich müssen sich Hund oder Katze umgewöhnen, wenn ein Baby kommt, und müssen auf das gewohnte Maß an Zuwendung verzichten. Gerade Tiere, die zuvor im Mittelpunkt standen, müssen nun lernen, dass sie nicht (mehr) die einzigen sind, um die sich Herrchens und Frauchens Aufmerksamkeit dreht. Aber das ist den Vierbeinern durchaus zuzumuten, solange die Menschen ihre Tiere nicht völlig vernachlässigen. Erstgeborene müssen sich schließlich auch damit abfinden, dass sie eines Tags geschwisterliche Konkurrenz bekommen. Oft genug stellt sich für Hund und Katze ja später heraus, dass so ein neuer zusätzlicher Kumpel und Spielkamerad durchaus auch angenehme Seiten und Vorzüge hat, vor allem hat er mit Sicherheit mehr Zeit als die Erwachsenen.

## Danksagung

Ich danke Herrn

*Prof. Dr. med. Helmut Glätzner*, Arzt für Frauenheilkunde und Geburtshilfe und langjähriger Chefarzt der geburtshilflich-gynäkologischen Abteilung des Krankenhauses Sachsenhausen, Frankfurt,

für seine freundliche und geduldige Beantwortung meiner Fragen sowie die hilfreiche Durchsicht umfangreicher Kapitel meines Manuskripts.

# Anhang

## Literaturhinweise

Pschyrembel – Klinisches Wörterbuch, Berlin/New York 1997. ISBN 3-1101-6363-2

*Bundesgesundheitsamt (Hrsg.)*: Toxoplasmose bei Mutter und Kind.
Erkennung, Behandlung und Verhütung – Ratschläge an Ärzte.
Köln, Merkblatt Nr. 20, 1992 (vgl. Adressen)

*Berufsverband der Frauenärzte, Pressestelle (Hrsg.)*:
Wunschkind? – Wie Sie sich auf Ihre Schwangerschaft bewusst vorbereiten können.
Frankfurt/M. 1998 (vgl. Adressen)

*Birr, Uschi*: Erfolgreiche Hundeerziehung: Der sichere Weg zum perfekten Begleiter.
Niedernhausen 1995, ISBN 3-8068-4808-4

*Höhn, Monika*: … dann beißt dich der Hund … – wie Kinder und Erwachsene
das Verhalten von Hunden verstehen lernen.
Mürlenbach 1997, ISBN 3-9295-4554-3

*Krings, Metty/Peper, Elke*: Der kindersichere Hund – Freund, Beschützer, Spielgefährte –
Ein Ratgeber für Kinder und Eltern zum Umgang mit Hunden. Berlin 1996, ISBN 3-8263-8407-5

*Lorenz, Konrad*: So kam der Mensch auf den Hund. München 1998, ISBN 3-423-2011-34

*Ludwig, Claudia*: Ein neues Zuhause für Streuner und Tierheimhund. Niedernhausen 1994,
ISBN 3-8068-1512-7

*Ludwig, Claudia, Dt. Tierschutzbund (Hrsg.)*: Tiere suchen ein Zuhause.
Über Tiere, Tierschutz und Tierhaltung. Das WDR-Begleitbuch zur Fernsehsendung.
Düsseldorf 1996, ISBN 3-7919-0673-9

*Ludwig, Claudia*: Ein junger Hund zieht ein – Auswahl, Eingewöhnung, Erziehung, erste Hilfe.
Niedernhausen 1999, ISBN 3-8068-2067-8

*Ludwig, Claudia*: Urlaub mit dem Hund – Verkehrsmittel, Unterkünfte, Gesundheitsrisiken, erste Hilfe.
Niedernhausen 2000, ISBN 3-8068-2561-0

*Trumler, Eberhard*: Hunde ernst genommen. Zum Wesen und Verständnis ihres Verhaltens.
München 1989, ISBN 3-492-21044-9

*Weidt, Heinz*: Der Hund, mit dem wir leben – Verhalten und Wesen.
Berlin 1996, ISNB 3-8263-8416-4

*Weidt, Heinz/Berlowitz, Dina*: Spielend vom Welpen zum Hund.
Leitfaden für die Entwicklung des jungen Hundes.
Augsburg 1996, ISBN 3-89440-187-7

## Deutschland:

*Bundesverband der Frauenärzte e. V.*
Lersnerstraße 40
D-60322 Frankfurt a.M.

Unter dieser Anschrift können Sie sich für 1,10 DM in Briefmarken eine Broschüre mit dem Titel „Wunschkind? Wie Sie sich auf Ihre Schwangerschaft bewusst vorbereiten können" zuschicken lassen.

*Deutscher Ärzte-Verlag*
Postfach 40 02 65 – Dieselstraße
D-50859 Köln

Hier können Sie das erwähnte Merkblatt Nr. 20 (*vgl. Seite 120*) anfordern. Ein Einzelexemplar kann gegen die Einsendung eines frankierten und adressierten Rückumschlags kostenlos zugesendet werden.

*Deutscher Tierschutzbund e.V.*
Baumschulallee 15
D-53115 Bonn
Tel.: 02 28/6 04 96 - 0;
Fax: 02 28/6 04 96 - 40

*Bund gegen Missbrauch der Tiere e.V.*
Viktor-Scheffel-Straße 15/0
D-80803 München,
Tel.: 0 89/39 71 59;
Fax: 0 89/38 39 52 23

*Bundesverband Tierschutz e.V.*
Dr.-Boschheidgen-Straße 20
D-47447 Moers
Tel.: 0 28 41/2 52 44 - 45 oder - 46;
Fax: 0 28 41/2 62 36

*IDH – Interessengemeinschaft Deutscher Hundehalter*
Auguststraße 5
D-22085 Hamburg
Tel.: 0 40/45 47 61

*VDH – Verband für das Deutsche Hundewesen*
Westfalendamm 174
D-44141 Dortmund
Tel.: 02 31/56 50 00

## Österreich:

*Zentralverband der Österreichischen Tierschutzvereine e.V.*
Khleslplatz 6
A-1120 Wien
Tel.: 01/80 47 77 40

*ÖKV – Österreichischer Kynologenverband*
Johann-Teufel-Gasse 8
A-1238 Wien
Tel.: 01/8 88 70 92 00

## Schweiz:

*Schweizer Tierschutz – Zentralsekretariat e.V.*
Birsfelderstrasse 45
CH-4052 Basel
Tel.: 06/3 11 21 10

*Schweizerische Kynologische Gesellschaft*
Länggaßstrasse 8
CH-3001 Bern
Tel.: 031/3 01 58 19

# Glossar

**Antibiotika:** Sammelbezeichnung für bestimmte natürliche oder synthetisch nachgebildete Stoffwechselprodukte u. a. von Algen, Schimmelpilzen, Bakterien und Flechten, die bei bakteriellen Infektionskrankheiten eingesetzt werden, und zwar möglichst gezielt nach der Bestimmung des Erregers und u. U. durch eine Kultur und nach Resistenzbestimmung der Keime. Antibiotika töten im Idealfall die pathogenen Mikroorganismen (Keime) ab oder sie verhindern oder vermindern deren Vermehrungsfähigkeit. Das aus Schimmelpilzen gewonnene Penizillin war das erste isolierte Antibiotikum. Der große therapeutische Wert von Antibiotika wird durch Resistenzen, seltene Nebenwirkungen und allergische Reaktionen des Patienten begrenzt.

**Amniozentese:** auch Amnionpunktion, dient der Gewinnung von Fruchtwasser für spezielle Untersuchungen. Sie ist Bestandteil der pränatalen Diagnostik bei bestimmten Fragestellungen. Die Punktion wird meist durch die Bauchdecke der Mutter vorgenommen, wobei mittels Ultraschall der Vorgang bzw. die Kindslage überwacht und die Plazenta lokalisiert wird.

**asymptomatisch:** symptomfrei, d. h. ohne Krankheitserscheinungen und Beschwerden.

**Bakterien:** einzellige Kleinstlebewesen ohne echten Zellkern, morphologische Kugeln, Stäbchen und Schrauben, z. T. mit Geißeln und Sporenbildung, die sich durch Querteilung nach Längenwachstum fortpflanzen.
Durch Bakterien hervorgerufene Krankheiten sind z. B. Scharlach und Angina (Mandelentzündung).

**Bakteriophagen:** so genannte Bakterienfresser, d. h. bakterienspezifische Viren, also Viren, die Bakterien befallen und sich in Bakterien vermehren (Zellstoffwechsel), wobei die Viren die Bakterien auflösen. Allerdings lässt sich diese bakterienzerstörende Kraft bei bakteriellen Krankheiten kaum therapeutisch nutzen, da die Bakterien gegen die Viren widerstandsfähig, also resistent werden können.

**Bakteriosen:** durch Bakterien hervorgerufene Krankheiten.

**Bakteriostase:** Hemmung der Keime, Fähigkeit bestimmter chemischer Substanzen, das Keimwachstum oder die Keimvermehrung zu verhindern, ohne die Keime abzutöten; das dazugehörige Adjektiv: „bakteriostatisch".

**Bazillen:** Ihre längliche Form hat diesen Bakterien ihren Namen gegeben. Das spätlateinische Wort „bacillum" bedeutet nämlich „Stäbchen". Bazillen gehören zu der Familie sporenbildender, meist beweglicher Stäbchenbakterien. Es handelt sich also um eine Bakteriengruppe, die Dauerformen entwickeln kann. Sie sind hauptsächlich Bodenbewohner. Einige Arten sind nützlich, denn ihre Stoffwechselprodukte liefern Antibiotika.
Zu den pathogenen Bazillen gehört z. B. der Milzbrandbazillus. Nützlich ist dagegen der Heubazillus, u. a. weil er sich zersetzendes Pflanzenmaterial bevölkert und für die Selbsterwärmung von Heu, Dung und Kompost sorgt.

**Caniden (Canidae):** „Hundeartige", mit 14 Gattungen und insgesamt um die 35 Arten. Dazu gehören der Wolf als Stammvater aller unserer heutiger Hunderassen und -mischungen, der Schakal, der Kojote, der australische Dingo, der afrikanische Wildhund und unser Haushund – vom Zwergpinscher bis zum Bernhardiner oder Irish Wolfhound.

**Chemotherapeutika:** Sammelbezeichnung für chemische (Arznei-)Mittel, für natürliche oder künstlich gewonnene Substanzen, wie z. B. Sulfonamide, Antibiotika, Zytostatika, Antimykotika, Antituberlotika oder Mittel gegen Parasiten, die Krankheitserreger oder Tumorzellen schädigen, indem sie deren Stoffwechsel und Zellteilung verhindern oder erheblich verzögern.

**Chemotherapie:** Einsatz von Chermatherapeutika zur spezifischen Bekämpfung von Infektionserregern und Tumorzellen im Organismus.

**Chorionbiopsie:** (auch Chorionzottenbiopsie) Alternative zur Amniozentese (vgl. oben) in der Pränataldiagnostik, Biopsie der mittleren Eihaut der Plazenta in der Zeit zwischen der 7. und 12. Schwangerschaftswoche unter Verwendung spezieller Katheter unter Ultraschallkontrolle zur Gewinnung von Zellmaterial für eine pränatale Analyse.

**Endwirt:** Sowohl Tiere als auch Menschen können für verschiedene Parasiten als Endwirt in Frage kommen und beherbergen dann, im Unterschied zum so genannten Zwischenwirt, die geschlechtsreifen Formen dieser Schmarotzer. Weil beispielsweise den Toxoplasmose-Parasiten nur die Katze Endwirt sein kann, kann auch nur sie die infektiösen Formen (Oozysten) mit ihrem Kot ausscheiden.

**Feliden (Felidae):** „Katzenartige", zu denen Tiger, Löwe, Jaguar, schwarzer Panter, Leopard, Gepard, Ozelot, Luchs, Afrikanische Falbkatze, Europäische

Wildkatze und schließlich unsere „stinknormale" Hauskatze, die Europäisch Kurzhaar (EKH) zählen.

**Folsäure:** hitze- und lichtempfindliches B-Vitamin, das der Organismus für Zellteilung, Fortpflanzung und Wachstum sowie für die Bildung und Reifung der roten Blutkörperchen dringend braucht. Vor allem während einer Schwangerschaft ist die ausreichende Zufuhr von Fol(in)säure sehr wichtig (deutlich erhöhter bis verdoppelter Tagesbedarf!), denn es spielt eine große Rolle für die gesunde Entwicklung von Rückenmark und Gehirn des ungeborenen Kinds. Fol(in)säure nimmt man mit der Nahrung auf, z. B. mit Blattgemüse, Kartoffeln, Vollkornprodukten, Leber, Hefe und Milch. Auch zur Bekämpfung einer pränatalen Toxoplasmose-Infektion wird Folinsäure zur Sicherung der Blutbildung in Kombination mit Sulfadiazin und Pyrimethamin verabreicht.

**Gravidität:** Schwangerschaft; gravide: schwanger.

**Keime:** in der medizinischen Mikrobiologie Bezeichnung für Mikroorganismen. Bestimmte Keime können bei Mensch und Tier Krankheiten verursachen (pathogene, also krankheitserregende Keime). Eine Erkrankung tritt gehäuft auf, falls sich Mensch oder Tier bereits in schlechtem Allgemeinzustand befinden und geschwächt sind. Besonders gefährdet sind Frischoperierte, Frühgeborene, Diabetiker, Drogenabhängige, Alkoholiker, Aidskranke, Tuberkulosekranke sowie Patienten mit Verbrennungen usw.

**Kokken:** kugelförmige Bakterien – je nach Lage unterscheidet man zwischen Einzel- und Kettenbakterien (Streptokokken) oder Haufen- bzw. Traubenbakterien, die man als Staphylokokken bezeichnet.

**Kokzidien:** Diminutivum von Kokken, Ordnung der Sporozoen mit meist pathogenen Arten wie z. B. *Toxoplasma gondii.*

**Kontaktinfektion:** Übertragung von Krankheitserregern durch Berührung eines infizierten Menschen oder Tiers oder durch Berührung kontaminierter Gegenstände und infektiösen Materials, im Unterschied zu den anderen Ansteckungswegen wie Tröpfchen- oder Schmierinfektion.

**Kynologie:** Wissenschaft rund um den Hund, Lehre von der Zucht, Dressur, Krankheiten, Haltung und Verhalten der Hunde.

**Mikrobiologie:** Wissenschaftszweig, der die Lebensbedingungen der Mikroorganismen (mikroskopisch kleine Lebewesen) untersucht, vor allem deren pathologischen Einfluss auf andere Lebewesen und mögliche Therapien. Dazu zählen auch die Bakteriologie (Lehre von den Bakterien) und die Virologie (Lehre von den Viren).

**Mikrobien:** ältere Bezeichnung für Mikroorganismus.

**Mikroorganismen:** Kleinstlebewesen wie Bakterien, Viren, Protozoen oder Pilze.

**Mineralisation:** Mineralisierung, z. B. Abbau und Umwandlung organischer Substanzen in anorganische durch Mikroorganismen im Erdinneren und an der Erdoberfläche, wodurch chemische Elemente wieder in eine für Pflanzen verwertbare Form gebracht werden und die natürliche Bodenfruchtbarkeit gesichert wird.

**Molekül:** kleinstes Teilchen, das aus zwei oder mehreren miteinander verbundenen Atomen verschiedener chemischer Elemente besteht. Ab tausend Atomen wird von Makromolekül gesprochen.

**Nestschutz:** Schutz des Embryos und Fötus im Mutterleib, z. B. durch die Plazenta. So können beispielsweise keine Bakterien die Plazenta passieren, Viren sowie die *Toxoplasma gondii*-Protozoen hingegen schon.

**Oozyste:** Zygote (befruchtete Eizelle) der Sporozoen bzw. Protozoen und eine von zwei verschiedenen runden Formen des Erregers *Toxoplasma gondii* (die andere Form ist die „Zyste", vgl. unten). Die Oozysten werden von Katzen mit dem Kot ausgeschieden, reifen innerhalb weniger Tage, werden infektiös und können im Erdboden ein bis zwei Jahre überleben.

**Ornithose:** durch Vögel übertragene bakterielle schwere Infektionskrankheit (Zoonose), die vor allem die Lungen betrifft und mit Fieber und grippeartigen Allgemeinbeschwerden einhergeht. Eine durch Papageien übertragene Infektion wird als Psittakose bezeichnet.

**pathogen:** krankheitserregend, krankmachend.

**Parasiten:** tierische oder pflanzliche Schmarotzer, Mitesser, mikrobiologische Lebewesen, die ständig oder teilweise auf Kosten einer anderen Spezies leben, wozu Protozoen (Urtierchen), Bakterien, Viren u. a. zählen.

**Penizillin:** aus dem Schimmelpilz isolierte Stoffwechselprodukte mit antibakterieller Wirkung, gehört zu den Antibiotika, geeignet zur Bekämpfung von penizillinempfindlichen Erregern mit meist Bakterien und Kokken, z. B. bei Streptokokken-Angina. Andere Krankheiten, die mit Penizillin behandelt werden, sind Lungenentzündung, Syphillis, Tripper und Wundstarrkrampf. Bei Virus- und Pilzinfektionen dagegen wirken Penizilline nicht. Wie bei anderen Antibiotika auch können bei Penizillin Resistenzen und allergische Reaktionen gegen die Gabe dieses Arzneimittels sprechen.

**Plasmodien:** Gattung der Sporozoen bzw. Protozoen, Parasiten der Reptilien, Vögel und Säugetiere, einschließlich des Menschen; Auslöser verschiedener Krankheiten, z. B. Malaria und Toxoplasmose.

**Plazenta:** Mutterkuchen, zentrales Stoffwechselorgan für Embryo und Fötus. Die Plazenta übernimmt die Ernährungs-, Atmungs- und Ausscheidungsfunktion des heranreifenden Kinds. Diese Funktionen werden durch Osmose, Diffusion sowie aktive und produktive Leistungen gewährleistet. In der Plazenta werden kindlicher und mütterlicher Kreislauf getrennt. Als Nachgeburt wird das scheibenförmige Organ von 15 – 20 cm Durchmesser, 2 – 4 cm Dicke und ca. 500 g Gewicht nach der Geburt des Babys ausgestoßen.

**Plazentarschranke:** Die Zellen der Plazentarzotten bilden eine Schranke (Barriere) zwischen dem Blut der Mutter und dem des ungeborenen Kinds. Die Durchlässigkeit ist vor allem von der Größe der Moleküle der Stoffe, ihrer Fettlöslichkeit und der elektrischen Ladung abhängig.

**Psittakose:** durch Papageien übertragbare Infektionskrankheit, vgl. Ornithose.

**Protozon, Protozoa, Protozoen (pl):** Urtierchen, tierische Einzeller, Parasiten; sie haben Bewegungsorganellen (Geißeln) und im Unterschied zu den Bakterien einen Chromosomenkern. Protozoen haben zumeist eine parasitäre Lebensweise und sind vor allem in den Tropen und Subtropen als Krankheitserreger gefürchtet.

**Pyrimethamin:** hemmt Plasmodienformen und wird somit als Antiprotozoikum (gegen die parasitären tierischen Einzeller) eingesetzt. So wird es gegen Malaria und – in Kombination mit dem Sulfonamid Sulfadiazin – auch gegen die Toxoplasmose verwandt.

**Resistenz:** Abnahme der Empfindlichkeit von Bakterienstämmen gegenüber Medikamenten wie z. B. Antibiotika.

**Reshedding:** Der Vorgang, durch den die Toxoplasmose-Erreger, die *Toxoplasma gondii*, aus dem Ruhezustand im Gewebe wieder aktiviert werden können. Inwieweit und vor allem wie oft dies in der Katze geschieht, ist bisher noch nicht ausreichend erforscht worden.

**Salmonellen:** Gattung beweglicher Kurzstäbchenbakterien, z. T. mit Geißeln, bilden keine Sporen und können vor allem zu Darmkrankheiten führen.

**Schmierinfektion:** anders als bei der Tröpfcheninfektion und der Kontaktinfektion muss infektiöses Material (wie Urin, Speichel Spucke, Auswurf, Eiter, Fäkalien) durch Verschmieren auf andere Körperteile und von da aus in den Mund gelangen.

**Sensitivität:** Eignung eines diagnostischen Tests, Personen mit einer potentiellen Erkrankung richtig zu erkennen.

**Serokonversion:** lat. „Umwandlung", erstmaliges Auftreten von erregerspezifischen Antikörpern nach einer Infektion oder Impfung.

**Serologie:** Blutuntersuchung, Teilgebiet der Immunologie, das die pathologischen Veränderungen und physiologischen Eigenschaften von Bestandteilen im Blut analysiert.

**Spiramycin:** ein Makrolid-Antibiotikum, ein Antibiotikum mit meist keimhemmender Wirkung, das gegen Bakterien und Mykoplasmen eingesetzt wird; kann bei der Toxoplasmose-Chemotherapie im Gegensatz zu den Sulfonamiden bereits in den ersten 16 Wochen einer Schwangerschaft verabreicht werden.

**Sporen:** Vermehrungszellen und Dauerformen bei Mikroorganismen wie z. B. Bakterien oder Protozoen.

**Sporenbildner:** Bakteriengattungen, die Sporen bilden, z. B. die Bazillen.

**Sporentierchen:** Sporozoen, siehe Sporozoa.

**Sporozoa, -en:** Sporentierchen: Blut- und Gewebeparasiten, gehören zu den Protozoen (hier eine von fünf verschiedenen Klassen); Fortbewegung durch Stoffausscheidung durch kleine Poren (sog. Rückstoß), z. T. tier- und menschpathogene Krankheitserreger. Auch die *Toxoplasma gondii*, die Toxoplasmose-Erreger, sind Sporentierchen.

**Sporulation:** Sporenbildung, Reifung, Auskeimung; das dazugehörige Verb heißt sporolieren. Wenn die durch Katzen ausgeschiedenen Toxoplasmose-Oozysten nach drei Tagen gereift sind und infektiös werden, haben sie sporoliert, also Sporen gebildet.

**Staphylokokken:** verbreitete Infektionserreger, unbewegliche traubenförmig gelagerte Kugelbakterien.

**Streptobazillen:** unbewegliche Stäbchenbakterien.

**Streptokokken:** verbreitete Infektionserreger, in der Regel unbewegliche Kugelbakterien, die in perlschnurförmigen Ketten zusammenhängen und keine Sporen bilden. Es gibt nützliche und (menschen-) pathogene Streptokokken. Als Milchsäurebakterien brauchen wir sie für die Butter- und Käseherstellung. Die meisten jedoch sind Krankheitserreger: Von Meningitis (Hirnhautentzündung) über rheumatisches oder Wochenbett-Fieber, Angina (Mandelentzündung) und Wundrose bis zu Karies können die verschiedenen Streptokokken-Spezies auch die verschiedensten Infektionen auslösen, bei deren Bekämpfung meist nur Penizillin hilft. Aber wie bei allen Antibiotika, so ist auch bei Penizillin die Resistenz ein großes Problem, die manche Streptokokken gegenüber den Medikamenten entwickeln konnten.

**Sulfadiazin:** Sulfonamid mit mittellanger Wirkung, das in Kombination mit Pyrimethamin in der Toxoplasmose-Therapie Anwendung findet. Bei etwaigen allergischen Reaktionen kann Sulfadiazin durch Spiramycin ersetzt werden.

**Sulfonamide:** wirksame Heilmittel zur Bekämpfung von Infektionskrankheiten, antibakterielle Chemotherapeutika und orale Antidiabetika mit einer relativ breiten Wirkung gegen Keime und Protozoen. Die Krankheitserreger werden entweder abgetötet oder so geschwächt, dass sie sich nicht mehr vermehren und von den körpereigenen natürlichen Abwehrkräften bekämpft werden können. Sulfonamide sollten allerdings nicht mehr während des letzten Schwangerschaftsmonats eingenommen werden. Als besonders wirksam gilt eine Kombination von Sulfonamiden und Antibiotika.

**Titer:** Menge eines Antikörpers oder Antigens, die bei einer serologischen Untersuchung im Blut nachgewiesen werden kann und Aufschluss über Immunität gegenüber Krankheiten gibt.

**Transportwirt:** vgl. Zwischenwirt.

**Trimenon:** Zeitraum von drei Monaten, wird vor allem zur Einteilung der Schwangerschaftsdauer benutzt.

**Tröpfcheninfektion:** Infektion, die durch kleinste erregerhaltige Tröpfchen übertragen wird, z. B. wenn der bereits Infizierte niest, hustet oder eine „feuchte Aussprache" hat

**vegetativ:** das Wachstum betreffend, auch: die Funktion des vegetativen Nervensystems betreffend, ungeschlechtlich, dem Willen nicht unterliegend, naturhaft, instinkthaft

**Virionen:** infektiöse Viren, die mit einer Länge oder einem Durchmesser von 20 – 300 nm also auch Bakterienfilter passieren können.

**Virosen:** Viruskrankheiten wie beispielsweise Schnupfen, Grippe, Masern, Mumps, Röteln, Windpocken, Pocken, Herpes, (Herpes zoster: Gürtelrose), Gelbsucht, Kinderlähmung u.v.a., die wie andere Infektionskrankheiten übertragen werden, in einigen wenigen Fällen, wie z. B. Tollwut, auch von Tieren auf Menschen. Virosen bei Tieren sind neben Tollwut, Staupe, Pferdestaupe, Maul- und Klauenseuche, Schweinelähmung, Schweinepest, Geflügelpest, Myxomatose u. a. Da viele Virosen eine lebenslange Immunität hinterlassen, sind mitunter vorbeugende Schutzimpfungen möglich und erfolgreich.

**Virus, -en:** Kleinstlebewesen, Sammelbezeichnung für sehr verschiedenartige biologische Strukturen, meist Krankheitserreger mit u. a. folgendem gemeinsamen Merkmal: Viren sind Zellparasiten, die sich auf Kosten eines anderen Lebewesens vermehren. Sie können nämlich nicht von allein wachsen, denn es fehlen ihnen die für Wachstum und Teilung notwendigen Enzyme. Deswegen brauchen sie dazu meist spezifische, also artgemäße Wirtszellen von Pflanzen oder bestimmten Tieren, die dadurch häufig

krank werden und Viruserkrankungen bekommen können.

Viren sind viel kleiner als Bakterien und können daher im Gegensatz zu diesen die Plazenta durchdringen und auf das ungeborene Kind übergehen. Deshalb ist es auch so gefährlich, wenn sich eine werdende Mutter z. B. mit dem Rötel-Virus infiziert, denn während der ersten drei Schwangerschaftsmonate gefährden Röteln den Embryo in hohem Maße. Grundsätzlich lassen sich Viren im Gegensatz zu Bakterien nur selten durch Antibiotika bekämpfen. So ist eine Antibiotika-Therapie nur bei den wenigen großen Virusarten erfolgversprechend.

**Zoonosen:** Krankheiten und Infektionen, die natürlicherweise von Menschen auf Menschen übertragbar sind und umgekehrt. Hierzu gehören zum Beispiel Toxoplasmose (durch Katzenkot), Tollwut, Milzbrand, Q-Fieber (auch Balkan-Grippe oder Krim-Fieber), Brucellosen, Leptospirosen, Ornithose-Psittakose (durch Vögel, auch Papageienkrankheit genannt), Enteritis-Salmonellosen, Yersiniosen (Pest).

**Zooparasiten:** tierische Parasiten, z. B. Protozoen.

**Zwischenwirt:** (auch Transportwirt): Tiere und Menschen, die bestimmte Jugendstadien von Parasiten beherbergen und die Voraussetzung für den parasitären Entwicklungszyklus sind. Man unterscheidet zwischen aktivem und passivem Zwischenwirt.

**Zysten:** meist durch eine Gewebekapsel abgeschlossenes Gebilde mit flüssigem Inhalt. Hier: Ruheformen bzw. runde Dauerstadien von Einzellern und niederen Tieren – wie z. B. *Toxoplasma gondii* – und deren Keimen, die Hunderte von Einzelparasiten enthalten und weitgehend reaktionslos im Gewebe vorkommen.

# Register

Claudia Ludwig

## Tiere suchen ein Zuhause

# Wenn das Haustier stirbt

### Vom Umgang mit der Trauer

ca. 128 Seiten, zahlr. farb. Abb.
brosch. ca. DM 25,00/öS 183,-/sFr 23,-

Mit dem Tod eines Haustiers verlieren Sie auch einen Freund. Ob durch Unfall, Krankheit oder Alter, der Verlust ist immer schmerzhaft und schwer zu verwinden. Viele Fragen sind zu klären, Probleme ergeben sich, an die Sie nie gedacht hätten, und die Trauer trifft Sie stärker als erwartet.

◆ Wie und wo bestatte ich das Tier?
◆ Wie erkläre ich es meinem Kind?
◆ Ist es normal, dass ich so lange trauere?
◆ Wann kann ich an ein neues Haustier denken?

Dieser Ratgeber von Claudia Ludwig, Moderatorin der Sendung TIERE SUCHEN EIN ZUHAUSE im WDR, gibt Ihnen Antworten auf diese und viele weitere Fragen zum Thema.

Ab Januar 2001 bei Ihrem Buchhändler.